BIBLIOTECA
PILAR SORDO

Del amor propio al amor al otro

Pilar Sordo

Del amor propio al amor al otro

Habilidades para transitar la vida

DEL AMOR PROPIO AL AMOR AL OTRO
Habilidades para transitar la vida

© 2022, Pilar Sordo
c/o Schavelzon Graham Agencia Literaria
www.schavelzongraham.com

Arte de portada: Departamento de diseño de Planeta Chile
Fotografía de la autora: David Gómez @huasohipster

D. R. © 2023, Editorial Océano de México, S.A. de C.V.
Guillermo Barroso 17-5, Col. Industrial Las Armas
Tlalnepantla de Baz, 54080, Estado de México
info@oceano.com.mx

Primera edición en Océano: mayo, 2023

ISBN: 978-607-557-734-0

Impreso en México / Printed in Mexico

A todas aquellas personas que partieron en pandemia y a quienes no me dejaron sola en ningún momento de esta caminata.

Índice

Prólogo. *Una aventura maravillosa*, por César Lozano   13

Introducción   19

Capítulo uno. *El camino hacia el amor propio*   27
Primera dimensión: autoconocimiento   28
Segunda dimensión: autoaceptación   31
Tercera dimensión: autocuidado   37
Cuarta dimensión: autoprotección   47

Capítulo dos. *Habilidades necesarias*
para transitar situaciones difíciles   55
Aceptación   59
Flexibilidad   63
Conexión con el presente   67
Paciencia y confianza   72
Calma   75
Orden   82
Disciplina   84
Fuerza de voluntad   85
Lentitud   85
Gratitud   86

Capítulo tres. *Paradigmas que cambian para ayudarnos
a trabajar las habilidades*   89
Cambio en el concepto de control   92
Cambio en la definición de libertad   97
El paradigma de la fortaleza   102
El paradigma del liderazgo   105
La dimensión del tiempo   107
Ver para creer o creer para ver   110
El cambio de la inteligencia espiritual por sobre la emocional 113
Se acabó la motivación   119

Capítulo cuatro. *Nuevos elementos de conciencia*   125
Busca el silencio   127
Mecanismos de autoprotección   131
Desarrollar con conciencia la lentitud   136
Hacer que la gente necesite cada vez menos   141

Capítulo cinco. *Otroridad*   147

Capítulo seis. *Observando y aplicando lo aprendido*   165

Cierre   181

Agradecimientos   187

Prólogo

Una aventura maravillosa

Mi querida amiga Pilar Sordo nos presenta su undécimo libro, en el cual nos muestra a una autora sensible, vulnerable ante aquello que vivimos y que nadie deseaba que hubiera sucedido: una pandemia que nos cambió los planes de un momento a otro. Ella, al igual que muchos, se encontró en este momento crítico frente a la siguiente disyuntiva: ¿lo tomo como una tragedia o como una oportunidad?

Del amor propio al amor al otro es un libro que me impactó por la gran cantidad de ejercicios que me hicieron sentir parte de él, haciéndome entrar a diferentes dimensiones como el autoconocimiento o el reconocimiento de nuestras sombras o aspectos secretos. Si lo hacemos con honestidad, nos llevaremos una grata sorpresa de la paz que se siente al abrir nuestro corazón a verdades que generalmente nos negamos a aceptar.

La segunda dimensión es la autoaceptación de nuestras cualidades, virtudes, aciertos y bendiciones, y la de aceptar nuestras debilidades, defectos y aquellas sombras que nos resistimos a reconocer, pero que son parte inherente de nosotros, y más durante la pandemia, cuando se acrecentaron nuestras fortalezas, pero más nuestras debilidades, recordando la frase que dice que a lo que te resistes, persiste.

Nuestra querida Pilar nos insiste en que lo que pensamos y sentimos define nuestro actuar y, por ende, si queremos cambiar, es necesario modificar nuestros pensamientos, ya que un pensamiento provoca un sentimiento y un sentimiento provoca una acción.

Tengo que manifestar que jamás había escuchado la idea de cuidar nuestros *tres cuerpos*, lo cual estoy seguro de que te dará herramientas para el cuidado integral que jamás olvidarás. Esta tercera dimensión, llamada autocuidado, tiene una trascendencia enorme en la salud integral y depende de cada uno de nosotros aplicarla por nuestro bien y para el bien de la gente que amamos.

Disfruté también conocer la cuarta dimensión, relacionada con la autoprotección; romper con patrones que traemos arraigados desde generaciones anteriores para conectar fuertemente con esa parte interior que le da sentido a la vida, que es nuestra alma, y evitar la inercia de seguir uniendo el amor al sufrimiento.

Benditas frases que nos recuerda la autora: "no quiero", "no deseo" y "no puedo" para preservar nuestra valía y amor propio. Ser capaces de reconocer a quién o quiénes te cuesta poner límites saludables. Benditas dimensiones que son la base del amor propio.

He constatado en la lectura del libro lo importante que es ponerme en modo aprendiz o alumno ante lo que considero una situación difícil de resolver para que, en lugar de etiquetar un acontecimiento como tragedia, sea una oportunidad más de aprendizaje, modificando el miedo por una curiosidad; al fin y al cabo, eso es la vida, un descubrir y descubrirnos cada vez más llegando a la meta anhelada ante lo que no podemos cambiar: la aceptación, que libera y fortalece.

Recordé dos de las seis razones del sufrimiento según el budismo: querer controlarlo todo y desear cambiar las cosas a cómo quiero que sean sin aceptar cómo son.

Ante lo que no puedo cambiar, me comprometo a repetir las palabras que la autora nos invita a repetir: *suelto y confío*, quitando la rigidez que tanto daño hace al cuerpo y a la mente, y utilizando la *flexibilidad* como estilo de vida, conectado con lo único que realmente tenemos: el *presente*. Vivir en el pasado causa dolor y angustia; vivir en el futuro causa ansiedad e incertidumbre; vivir en el presente proporciona la tan anhelada paz que todos buscamos.

Estoy seguro de que después de hacer los ejercicios recomendados en este excelente libro te será más fácil disfrutar la vida en el aquí y en el ahora; te lo digo por experiencia propia.

Me ha costado aceptar mi falta de paciencia y confianza en lo que hago, pero, cuando no hay otra opción, se convierte en la única maravillosa y fortalecedora estrategia de supervivencia, agregando la mágica palabra que tranquiliza: *calma*.

Me considero una persona hiperactiva, y probablemente coincidas conmigo en que llegamos al extremo de sentir cierta culpabilidad por hacer las cosas lentamente. Pero después de terminar la lectura de este libro aprendí la verdadera riqueza que existe en la *lentitud* sin caer en la exageración. La lentitud que nos lleva a la iluminación amorosa sin juicios hacia el mundo que nos rodea. Esa lentitud que nos recuerda el poder inmenso de lo que hacemos y nos acerca al *agradecimiento* o *gratitud* y a aceptar los nuevos paradigmas que nos ayudan a reconocer y trabajar nuestras habilidades recordando una frase que Pilar nos recomienda: *el miedo es la no aceptación de la incertidumbre.* Aprovechemos las verdaderas dieciocho horas que tiene un día y entendamos que la verdadera motivación para lograr lo que deseamos es consecuencia de la acción que realicemos desde un principio, agregando los dos ingredientes con los que aderezamos la acción: la *disciplina* y la *fuerza de voluntad.*

Me identifico plenamente con la autora, que entiende el concepto de Dios no como mandador de pruebas o castigos, sino como un ser amoroso con sus hijos.

Te sorprenderá sin duda el término *otroridad* tanto como a mí, pero es lo que le da más sentido al libro que hoy tienes en tus manos y corresponde a la solidaridad y empatía que tenemos con el otro o la otra, para amarlo(a) genuina y libremente; en este tiempo de pandemia es algo que recobra más fuerza, ya que si te cuido a ti, me cuido yo, aceptando las naturales diferencias que todos tenemos y poniendo en movimiento la *tolerancia*, la *compasión* y la *aceptación*, sin olvidar un dicho muy común en mi país: lo que te choca, te checa. Lo que te molesta en el otro, algo tiene que ver contigo.

Dentro de los paradigmas recomendados en el libro está el *ver para creer*, y hoy te quiero invitar a que veas, leas y disfrutes cada uno de los capítulos escritos con gran amor y entusiasmo por nuestra querida Pilar Sordo, sin privarte de la gran oportunidad que te da de vivir cada uno de los ejercicios que recomienda y que, además, puedo asegurarte que serán de gran utilidad para aplicar los conocimientos aprendidos. Y, lo más importante, tendrás la sensación con la que me quedo: fui parte de esta maravillosa aventura del libro que me llevó *del amor propio al amor al otro*.

Si describiera todas las características que admiro de Pilar Sordo, me llevaría varias cuartillas, pero pongo énfasis en su congruencia, su amor a la vida, su incansable capacidad de asombro y su gran fortaleza ante la adversidad. Gracias, Pilar, por permitirme compartir el prólogo de este excelente libro, que, sin lugar a dudas, tocará favorablemente la vida de millones de personas.

Me despido con tu frase: *si no puedo hacer nada por cambiar una realidad que me afecta sólo me queda la decisión de vivirla de la mejor forma.*

CÉSAR LOZANO

César Lozano es autor, conferencista internacional y conductor de radio y televisión.

Introducción

Es 20 de septiembre de 2021, estoy en Santiago. Hace veinte grados afuera y, en esta parte del mundo, está comenzando la primavera. Empezamos a salir, la temperatura mejora y todo florece, incluidas las alergias. En el norte del planeta, por su parte, las personas comienzan a replegarse y los colores de la vida se tornan anaranjados y amarillos.

No creo en las coincidencias, y por eso me parece mágico partir escribiendo esta aventura justo en un día de luna llena y durante un cambio de estación. Esta aventura es la más estudiada de mi vida y debe ser la más profunda. Y será distinta a otras, porque vas a participar tú en el proceso.

Hay, eso sí, un "pequeño detalle": estamos en pandemia (de esto hablaremos mucho en este libro), pero desde el punto de vista de lo que podemos aprender de esta experiencia, ésta es una de las varias que viviremos y que vendrán a decirnos —si estamos dispuestos a escuchar— muchas cosas.

Por eso quiero contarte cómo nace esta historia para mí, porque desde ahí se entiende el título de este libro y el camino que vamos a recorrer por distintos niveles o "vagones", si decides hacer este viaje en tren.

Para entender profundamente el camino del amor propio al amor al otro, hay que saber desde dónde partimos la travesía en esta pandemia, y si de verdad nos atrevimos a usar el gran símbolo de esta experiencia: la casa. No es sólo la casa física a la que yo te voy a invitar en la lectura de este libro, sino también a tu casa interna.

Pareciera que, según hasta dónde te atrevas a entrar, es como saldrás de este proceso. Y como éste es un libro que haremos juntas(os), te invito a reflexionar sobre las siguientes interrogantes. Te pido que estas preguntas las respondas por escrito, porque es distinto pensar que escribir lo que piensas y sientes con ellas:

¿Dónde estabas cuando escuchaste por primera vez la palabra *pandemia*?

_____

_____

_____

_____

_____

_____

¿Dónde estás y qué haces, aparte de leer este libro, hoy?

_____

_____

_____

_____   _____

_____   _____

_____

¿Tienes la sensación de haber entrado a tu casa interior?

_____

_____

_____

_____

_____

_____

¿Qué es lo primero que sentiste cuando te enteraste de que el mundo entero estaba contagiándose de covid-19?

_____

_____

_____

_____

_____

_____

Respondiendo a estas preguntas, ustedes y yo estaremos en el mismo punto y, por lo tanto, pasaré yo a contestarlas para dar inicio a este viaje intenso que ya lleva alrededor de tres años, y que no sabemos hasta cuándo nos seguirá acompañando ni cuántos desafíos nos tiene guardados. De hecho, es el primer libro, de los once que he escrito, que no sé cómo va a terminar, pero, como lo haremos juntos, en el mismo proceso encontraremos el momento de despedirnos.

Comienzo entonces. Era el 11 de marzo de 2020 y llegaba muy temprano a Buenos Aires a dar inicio a mi segunda gira del año. Llevaba diez años saliendo de mi país quince días al mes a recorrer América Latina, y los otros quince días casi siempre viajaba por Chile. A eso le agrego cosas que pocos saben, por ejemplo, que acompaño procesos de muerte tanto de quienes "cruzan el puente" como de sus familias y amigos.

Mi llegada a Argentina tenía como destino La Pampa, y desde ahí al sur, que, debo reconocer, es uno de los lugares de ese hermoso país que más me gusta. Desde que me subí a la camioneta de los que en ese momento eran mis socios —Pablo y Marisa—, todo fue extraño. Me anunciaron de entrada que había varias charlas suspendidas por un virus llamado covid-19 que había llegado a Argentina y que, por cierto, ya estaba también en Chile. Sin embargo, con el mismo entusiasmo de siempre, partimos a La Pampa, donde pude dar dos conferencias hasta que llegó el 14 de marzo, cuando por decisión propia, sin estar muy de acuerdo mis acompañantes, suspendí mi charla en Santa Rosa. Recuerdo que por primera vez experimenté miedo ante esta nueva realidad que recién estaba conociendo.

Al día siguiente tomé un avión de regreso a Chile, extraña, como en estado de shock, y además con una deuda que tenía que saldar a mi socio y productores por la producción de la gira realizada en el verano. Al llegar a Santiago aterricé en el departamento que alquilo sola, sin entender nada. Recuerdo que, seguramente, al igual que tú, los primeros días vi mucha televisión, sabiendo, por supuesto, que me hacía mal, pero no podía evitarlo. Necesitaba entender lo que pasaba, que incluía a todo el mundo y que nos tenía paralizados. No olvidaré con cierta ternura que esos días, al igual que muchos, comí demasiada azúcar para calmar mi ansiedad. Para agregarle más elementos al contexto, además había llegado con gripe, entonces, medio en cama y medio en pie, intentaba comprender lo que sucedía.

Al hablar con mi equipo de trabajo de Chile no sabíamos qué hacer, hasta que el 17 de marzo me miré al espejo con mucha angustia y me dije: "Pilar Sordo, estás desempleada". Muy a diferencia de lo que algunos piensan, yo no puedo estar sin trabajar, por muchas razones: hay gente que depende de mí, estoy muy endeudada por mis investigaciones, y experimenté un derrumbe en mi vida emocional y económica hace siete años. Sin embargo, cuando digo esta frase aparecen en mi mente dos palabras de las que he sido consciente muchas veces en mi vida: *tragedia* y *oportunidad*. Cuando surgieron estas dos palabras, recordé un cuento que les quiero transmitir porque refleja cómo comienza esta historia. Un indígena me dijo un día: "En una habitación muy pequeña había sobre una mesa una moneda grande que brillaba intensamente. Era imposible no verla. La moneda decía la palabra *tragedia*, y todo aquel que la miraba confirmaba que lo que se vivía en el pueblo en esos momentos era una tragedia. Todos lo sentían así, y sufrían porque no le veían salida. Un día entró a la habitación un adolescente que miró la moneda y, a diferencia de todo el pueblo, la tomó entre sus manos y le dio vuelta. Grande fue su sorpresa cuando descubrió que al otro lado tenía inscrita la palabra *oportunidad*. La dejó de ese lado, boca arriba, y todo el pueblo empezó a trabajar para ver qué podían sacar de aquella experiencia, a todas luces tremenda".

Esa historia vino a mi mente y me dije: "Vas a elegir nuevamente en tu vida quedarte con la oportunidad, y vas a hacer lo que siempre has hecho: estudiar". Necesitaba entender qué era lo que pasaba, así que partí investigando sobre todas las pandemias registradas, durmiendo muy poco, y notando que en mis redes la gente me pedía cada vez más atención y sesiones de contención frente al proceso.

Debo aclarar que yo había jurado que nunca en la vida iba a atender a un paciente por internet. Me parecía frío, distante y poco efectivo. Nunca digan nunca, porque me cayó encima toda esa gran cantidad de prejuicios y creencias que tuve que cambiar y que no sólo me permitieron empezar a tener ingresos, sino también conocer gente maravillosa. Tuve que aprender a manejar los llantos, los silencios y enojos de otra forma. Yo soy muy de tocar, y viendo a través de una pantalla, que recién empezaba a utilizar, con ciertas dificultades, era un desafío enorme contener.

Cuando comencé con el estudio diario de todo lo que la pandemia implicaba para el mundo, decidí empezar a activar mis redes de afectos cultivadas durante treinta años de profesión tanto dentro como fuera de Chile. Esto llevó a que, desde abril del año 2020 hasta ahora, todos los días me informan desde la mayoría de los países lo que pasa dentro del mundo hispano, que ha sido mi casa de estudios durante mi vida tanto en el plano emocional como social. Esto me ha permitido ir convirtiendo a un lenguaje más accesible la extensa información que manejo y que es la que voy a compartir con ustedes en este viaje. Quizá se pregunten qué tiene que ver esto con el amor propio y con el amor hacia los otros. Pues todo, porque sin esa elección, que se centró en valorar mi capacidad de reinventarme y volver a empezar, nada de esto hubiera sido posible.

Ahora, volvamos a ustedes: ¿qué hicieron y qué les pasó cuando tomaron conciencia de la pandemia? ¿Con qué lado de la moneda se quedaron y cómo empezaron a caminar con esta nueva experiencia que para todos era nueva y desconocida?

_____

_____

_____

_____

_____

_____

_____

Capítulo uno

El camino hacia el amor propio

Entramos al primer vagón del tren después de saber que tomaremos todo aprendizaje como una oportunidad.

El silencio afuera, en el contexto de pandemia, había aumentado bastante y eso producía, sobre todo para los más conscientes, que el ruido de adentro aumentara. Siempre he pensado que el silencio tiene ruido, sobre todo si nuestra mente no está en paz, y creo que eso fue lo que les pasó a muchos en este proceso.

Quiero recalcar que la pandemia si bien es trascendental y a muchos nos cambió la vida para siempre, podría ser usada como una metáfora de cualquier situación límite en la vida. Al principio de esta investigación —que es la primera que hago sentada y que no tuvo grandes costos económicos— pensaba que lo que les estoy contando servía sólo para este proceso, pero después de un reconocimiento que recibí de la Fundación Mundial de la Felicidad, dependiente de Naciones Unidas, con mis colegas cercanos pudimos descubrir que es válida para casi cualquier situación difícil en la vida. Habiendo aclarado esto, volvamos al ruido del silencio y veamos qué nos dice para cada una de las dimensiones del amor propio.

Primera dimensión: autoconocimiento

He dicho muchas veces que no se puede querer lo que no se conoce, y que nadie da lo que no tiene dentro. Por lo tanto, esta dimensión es la básica, e implica saber qué luces y sombras tienes. Qué cosas, desde las más simples hasta las más complejas, te gustan o te disgustan de ti. A simple vista, esto parece sencillo, pero no lo es. Y, lo que es peor, pareciera más sencillo reconocer lo bueno que lo malo y eso tampoco es así, especialmente para lo femenino. La razón es la de siempre: el modelo patriarcal nos enseñó a lo femenino un falso sentido de humildad que nos ha hecho por siglos subestimar nuestras capacidades, logros y talentos. Así, lo masculino seguía con el poder y nosotras quedábamos restringidas al clásico "sí, pero...", tan explicado en el antiguo *Viva la diferencia* y que hoy se entiende en la profundidad del feminismo, y la interacción entre el modelo judeocristiano y el patriarcado.

Entonces, no es tan fácil que una persona diga "esto me encanta de mí", porque puede parecer engreída o vanidosa. Por ejemplo, si me dicen que les encanta mi blusa, en vez de un "sí, gracias, a mí también", casi siempre terminamos contestando que es vieja o comprada muy barata.

Solamente algunas de las cosas más oscuras son compartidas, porque todos los seres humanos tienen un mundo oculto y secretos que no le confiesan a nadie, haciendo que esas oscuridades crezcan en el corazón, porque donde pongo mi atención, se produce la expansión de eso mismo que observo.

Ahora te toca a ti. Haz una lista lo más completa posible de todas tus luces (sin falsos pudores) y sombras (con brutal honestidad, sólo lo verás tú si así lo quieres).

_____

_____

_____

_____

_____

_____

En mi caso fue un placer darme cuenta de que, al menos en este punto, he avanzado mucho. Sin duda, esta pandemia ayudó a esa claridad, y seguramente que a ti te pasará lo mismo. Pero ¿qué pasa si al estar confinada(o), sea activa o pasiva tu pausa, descubres aspectos tuyos que no tenías conscientes y que pueden venir de tu historia, o incluso de tu padre o madre? Es extraño darte cuenta de que quizá tienes menos o más paciencia de la que pensabas, o tal vez te cuesta más estar con tus hijos o pareja de lo que eres capaz de reconocer.

Es que estas cosas nos pasaron. Recuerdo a un hombre que me decía que no se había dado cuenta de que era más ordenado de lo que suponía, y que le importaba mucho ese factor cuando empezó a trabajar en casa. O una mujer que podría ser yo, porque me pasó lo mismo, que descubrió que le gustaba cocinar y que no era mala cocinera, cuando su discurso en la vida era que no lo soportaba. También sucedió que hubo gente que valoró sus afectos lejanos y se juró a sí misma que, terminando este proceso, los vería más seguido, y ahora descubren con culpa y vergüenza que no han sido capaces de mantener esa promesa.

¿No dijeron muchas veces, estando en casa o saliendo a trabajar, que tenían más de lo que necesitaban y que después de esto no iban a caer en las redes del consumo? Me gustaría saber cómo nos manejamos en la última Navidad para ver esa congruencia. Todas las dimensiones del amor propio cambian y se mueven en la medida en que lo permitimos y si no somos capaces de mantener un eje entre lo que pensamos, sentimos y hacemos.

Ahora, nuevamente, te toca a ti seguir con el libro. Anota las reflexiones que hiciste en estado de confinamiento, estando en pausa activa o pasiva, y cuántas has sido capaz de llevar a cabo plenamente hasta el día de hoy. El autoconocimiento es la base de todo, y si no puedes reconocer con total hidalguía y orgullo tus luces y sombras, te recomiendo que trabajes mucho en este punto antes de pasar al siguiente.

_____

_____

_____

_____

_____

_____

_____

Se llaman dimensiones porque se mueven, cambian, y está en uno y sólo en uno mantener la estabilidad dentro de lo inestable que es la vida. Esto lleva a que revises todo, absolutamente todo de ti: lo físico, lo mental, lo afectivo, lo valórico, lo energético, lo social, lo intelectual, lo profesional, lo sexual, lo laboral, tus sueños, etcétera. Para eso te invito a tomarte un tiempo; no pases a la siguiente dimensión si no has realizado una lista exhaustiva de todo tu ser.

Seguramente esta pandemia movió mucho o, por el contrario, reafirmó tu autoconocimiento, pero si nunca pudiste observar quién o cómo eres, quizá descubras cómo te gustaría ser. Te invito a hacer una carta que responda esas preguntas: ¿quién soy? ¿Cómo soy y cómo me gustaría ser?

Segunda dimensión: autoaceptación

Voy a confiar en que has contestado todas las preguntas y estás haciendo tu propio libro, ya que nos queda mucho por recorrer y este viaje a tu casa interna está apenas comenzando.

La autoaceptación es una figura móvil y poco rígida que hace que asumas aquello que ya conociste. Ya sabes hoy (mañana todo puede cambiar, pero nunca tu centro) quién eres y, por lo tanto, la pregunta de ahora es si aceptarás eso o no.

Otra vez, parece fácil aceptar las cosas positivas, pero ¿es de verdad así? No es simple decir con propiedad que te sientes linda(o), que te consideras inteligente o buena persona, sobre todo en un mundo que te dice que eso no se hace porque parece soberbio y de muy mal gusto. Ojo, no estoy diciendo que uno tiene que gritar a los cuatro vientos aquello que le gusta de uno, pero sí reconocerlo con seguridad cuando sea necesario.

Por ejemplo, descubriste en pandemia que eras mejor madre o padre de lo que pensabas, y alguien te lo comenta porque le llama la atención. Es ahí donde debieras reconocer sin pudor que para ti también ha sido un descubrimiento y que esa parte tuya te tiene contenta(o). Otro ejemplo: cuando te preguntan cómo eres, ser capaz de reconocer que eres una buena persona y que trabajas por ello es autoaceptar algo que para ti es importante. Por lo demás, ser una buena persona no es un trabajo simple, y lo menos que podemos hacer es sentirnos orgullosas(os) de ello.

Hemos hablado sobre la autoaceptación de lo positivo teniendo claros los obstáculos sociales que debemos sortear para trabajar el amor propio, pero quizá sea importante aclarar que en el inconsciente colectivo todavía queda mucha gente que piensa que este concepto nos lleva al egoísmo. Con toda certeza, es justo lo contrario: el amor propio es lo único que garantiza un amor sano y real a los demás y, sobre todo, un amor sin cobros. Cada vez que te dedicas tiempo a ti mismo, estás haciendo una inversión para y por los demás porque, como veremos en el desarrollo de esta aventura, la única manera de amar sanamente es sin necesitar lo que se ama.

Si trabajamos la autoaceptación y fuimos capaces de filtrar los cánones sociales y decir con orgullo, gratitud y alegría lo que nos gusta de nosotras(os), también debemos aceptar lo que no nos gusta y tomar contacto con lo que los sabios llaman nuestras "sombras". Aquí hay dos caminos y dos cosas por hacer. Una es admitir aquello que no puedes cambiar, porque sólo te queda esa opción. Les pongo un ejemplo mío: yo tengo las rodillas hacia dentro y eso no lo puedo modificar, sólo me queda aprender a quererme así; seguramente habrá días en los que no lo note, y otros en los que me centre en eso, se expanda y, por lo tanto, liquide mi estado de ánimo.

Hace poco, conversando con una dominicana, me decía que le había costado aceptar sus rizos porque en su país son castigados socialmente. Pasó años gastando fortunas, como lo hacen muchas, alisando su pelo, hasta que aceptó que era bella como era y que, saltándose los prejuicios sociales, tenía que aceptar su pelo tal cual era. Tratar de cambiarlo le quitaba mucha paz, y eso la llevó a la autoaceptación. Hay también una historia que representa a muchas mujeres en el contexto de la pandemia, que, al no poder pintarse el cabello por el confinamiento, decidieron aceptar sus canas y hoy las lucen con orgullo.

Sin embargo, hay otro aspecto de la autoaceptación que tiene que ver con las cosas que no te gustan de ti, pero sí puedes cambiar. Aquí hay un trabajo enorme por hacer y tiene que ver con diseñar un plan de acción con disciplina y voluntad para lograr ese cambio (estos conceptos los veremos con más detalle en el próximo capítulo). Un ejemplo muy recurrente en los grupos de trabajo fue el de personas que, producto de la ansiedad y la angustia por la pandemia, comieron mucho y subieron de peso. Seguramente esas personas siempre fueron ansiosas, lo que debiera haber formado parte de su autoconocimiento para que pudieran transitarlo de mejor forma, pero si lo negaron o no lo supieron transitar por miles de factores, llega a ser algo que les disgusta de ellas, algo que no aceptan y que, por lo tanto, les produce mucho daño. Entonces, ¿qué se hace con eso? Pues se hace un plan. Por ejemplo, se cambia la palabra *dieta* por *alimentación saludable*, y se hace un trabajo con metas cortas que, paso a paso, me vayan llevando al logro deseado. Seguramente vamos a tener que incorporar ejercicios y cambiar una frase clave, que es "me gusta" por "me hace bien".

Este cambio me lo enseñó una hermana ecuatoriana y me pareció muy sabio. Porque hay cosas que me gustan, pero que no me hacen bien, y hay otras que no me gustan, sin embargo, me ayudan a tener paz y, en este caso, una mejor salud.

Así como este, hay muchos ejemplos de cosas que no te gustan de ti (tu mal humor, egoísmo, impaciencia, desconcentración, etcétera) que sí puedes trabajar; aquí lo importante es entender lo que siempre digo: "Sueño más voluntad es igual a logro".

Ahora te toca a ti. Escribe lo que aceptas de ti porque te gusta mucho; luego, dentro de lo que no aceptas, por un lado, anota aquello que no puedes cambiar y sólo hay que aceptar, y, por el otro, lo que no te gusta y para lo cual hay que diseñar un plan para modificarlo y, quizás algún día, se transforme en tu luz y dejará de ser sombra.

Como decíamos al inicio de este capítulo, al aumentar el silencio afuera, aumentó el ruido adentro, y eso hizo que probablemente vieras con mayor nitidez aquello que te cuesta aceptar y, por lo tanto, hay que trabajar en ello. Recuerda que lo que se resiste, persiste, por lo tanto, cuanto más rápido aceptes y diseñes un plan para cambiar eso que no te gusta, más rápido llegarás a tu mejor versión y estarás en camino hacia un estado de amor propio que, si bien es inestable, puede ser permanente si tu trabajo lo haces de forma consciente. Te advierto desde ahora que esto no es nada fácil, pero nada de lo importante en la vida lo es: sólo está en tu decisión empezar el camino.

En el curso de la pandemia la autoaceptación cayó en crisis; hubo muchas cosas que vimos en los otros —como nuestros hijos e hijas o nuestros padres— que no nos gustaron y en las que, como un espejo, nos reflejamos. Empezamos a entender (aunque muy levemente, en mi opinión) que lo de adentro es afuera y que, así como mi comportamiento afecta al mundo, lo que pase en el mundo me afecta a mí.

Quiero invitarte a reflexionar sobre tu capacidad de autoaceptación, porque de eso dependerá cómo aceptas a los demás, sobre todo a los que se parecen a ti. Esto no sólo lo reflexionarás, sino que, al igual que todo lo anterior, lo escribirás, para que hagas este libro tuyo.

_____

_____

_____

_____

_____

_____

_____

_____

Cuando hemos llegado al punto entre el autoconocimiento y la autoaceptación, estamos en lo que comúnmente llamamos autoestima. Este concepto, tan usado y manoseado, requiere de mucha observación de nuestros actos, pero sobre todo de nuestros pensamientos. Nunca se olviden de que uno siente y actúa de acuerdo con cómo piensa, por lo tanto, si quieres cambiar tu forma de sentir y actuar, necesariamente tienes que modificar tu manera de pensar.

La autoestima la defines cada vez que te miras al espejo y revisas lo primero que piensas; cada vez que aciertas y no te aplaudes por los aprendizajes; cada vez que haces algo que no era lo que había que hacer y lo haces crecer en tu cabeza con culpas y recriminaciones. Es lo que piensas de ti, lo que eres, y no lo que ves. Al final, la vida no es lo que te pasa, sino lo que interpretas de lo que te pasa.

Si ya contestaste las reflexiones de esta dimensión, entonces entramos a las siguientes, que configuran el amor propio y que durante la pandemia se movilizaron más de lo razonable.

Tercera dimensión: autocuidado

Cada vez que la gente escucha esta palabra, casi siempre dice: "Yo me cuido, Pilar, voy al médico una vez al año, me hago las uñas, hago ejercicio y como saludable". No puedo decir que estas frases no se relacionan con el autocuidado, pero, desafortunadamente, éste es mucho más complejo y es precisamente en esta dimensión donde mucha gente falla, incluyéndome.

El autocuidado tiene que ver con cuidar en esencia nuestros tres cuerpos. Sí, probablemente te llame la atención que diga "tres cuerpos". Y es que es así, y los tres necesitan atención y cuidado. Si fallas en uno, los otros se verán afectados.

A. PRIMER CUERPO: EL FÍSICO

Éste es el más claro de los tres, y con éste se vinculan aquellos comentarios mencionados anteriormente del tipo "visito al médico", "voy a la peluquería", "como saludable", etcétera. Sin embargo, esta dimensión es más compleja que esas simples acciones. Me encantaría saber qué le dices a tu cuerpo cuando se cansa, cuando lo engordas al sentirlo un depósito y no un templo. Quisiera saber cuántas veces te refieres a él con palabras negativas porque está hinchado, ojeroso, le empezaron a salir canas, arrugas, no durmió bien o estéticamente no te gusta, comparándote siempre con figuras de Instagram que dedican su vida al cuerpo y, por supuesto, tú quieres los mismos resultados, pero no puedes destinar tiempo a ello. Esto determina la relación con tu cuerpo físico y cómo depositas en él tus rabias, soledades y frustraciones, siendo que es el único que tienes y el que te va a acompañar hasta que tu alma trascienda, sin pedir nada más que un buen trato.

No estoy diciendo que sea posible amar todo tu cuerpo por igual y constantemente en tu vida, pues éste acarrea cambios que no nos gustan al principio, pero que, si los aceptamos desde el amor y las dos dimensiones anteriores, será mucho más fácil transitar con él. Además, hoy hay muchas maneras saludables de querer y cuidar tu cuerpo físico que mi madre y mi abuela no conocían y a las que tampoco tenían acceso.

En este cuerpo, más que lo que hagas con él, que también es importante, la clave es lo que pienses de él y cómo te relaciones con él todos los días. El primer abrazo y el último del día deben ser para ti, y siempre desde la disciplina tienes que trabajar no por deber, sino por amor a ese templo que lleva y traslada tu alma a donde tú quieras, incluso a lugares donde te harán daño.

Como este libro lo estamos trabajando juntas(os), ahora te toca a ti escribir cuál es la relación con tu cuerpo físico, pero dentro de esta dimensión de autoaceptación profunda y amorosa que hemos ahondado aquí. Quiero invitarte por varios días (si quieres deja el libro por un rato y después de hacer este ejercicio continúas) a observar tus pensamientos y frases acerca de tu cuerpo, y anotarlos en el espacio que tienes a continuación. Revisa cómo son: ¿qué contenido tienen? ¿Son amorosas? ¿Castigadoras? ¿Sientes a tu cuerpo como un templo o lo ves como un depósito? Si quieres, también puedes ir sacando preguntas del mismo libro que te hayan resonado o generado ruido dentro del silencio. Quiero advertirte que en esto puede que te demores días antes de pasar a revisar tu segundo cuerpo.

B. SEGUNDO CUERPO: EL EMOCIONAL Y MENTAL

En realidad, de este cuerpo dependen los otros dos y, por supuesto, es el que menos presente tenemos. Es que en realidad es difícil hacer conscientes nuestros pensamientos para que, desde ahí, reflexionemos sobre lo que sentimos y, nuevamente desde ahí, sobre lo que hacemos. Sin embargo, si bien no es fácil, tampoco es imposible.

Repito que uno siente de acuerdo con cómo piensa y, según eso, actúa. Una forma de trabajar este cuerpo es ir desarrollando profundamente el concepto de "pareja interna": esa relación que tienes contigo para acompañarte, mimarte, elegirte todos los días, consolarte, regañarte amorosamente y tratarte sin juicios, y que te va a permitir conocer y distinguir tus pensamientos sanos de los que no lo son. Por ejemplo, ¿cuáles son tus primeros pensamientos hacia ti cuando despiertas en la mañana? Escribe lo primero que tengas en la cabeza al recordar este momento.

_____

_____

_____

_____

_____

_____

_____

¿Sabías que noventa por ciento de los pensamientos diarios son acerca de nosotros mismos? ¿Imaginas el poder que tiene lo que piensas en tu forma de relacionarte contigo y con el mundo? Es tremendo pensar que somos ochenta por ciento agua y que el agua cristaliza o se ordena dentro de nosotros de forma muy diferente cuando te tratas bien a cuando te tratas mal, y eso tiene que ver finalmente con nuestra salud. El cuidar y cambiar lo que sea necesario en este cuerpo para que te sientas en paz ayudará a tu cuerpo físico y energético a mantenerse más liviano y en plenitud constante.

Ahora te toca a ti. Quiero invitarte a que durante una semana registres lo más despierta(o) posible tus pensamientos acerca de ti, tus definiciones sobre la vida y sobre cuán binarios son tus razonamientos, como, por ejemplo, "bien o mal", "éxito o fracaso", "correcto o incorrecto", etcétera. ¿Cuántos de esos pensamientos o creencias que te invito a cuestionar te quitan paz? ¿Cuántos te regalan todos los días? ¿Con qué pensamientos te duermes en las noches? ¿Son de queja, cansancio, agotamiento o gratitud? Todo lo anterior determina el autocuidado de este cuerpo, en el cual generalmente hay que desprogramar gran parte de lo aprendido después de los veinte años.

_____

_____

_____

_____

_____

_____

Suponiendo que ya trabajaste esto por algunos días, te quiero decir que el ejercicio dura la vida entera, al igual que todo en este libro. Nadie se gradúa de nada, y menos de este despertar de conciencia al que nos estamos acercando, yendo paso a paso. Todo va a depender de lo que te vaya ocurriendo en la vida y de cómo lo proceses de acuerdo con tus niveles de conciencia. Aquí sigue siendo fundamental, como lo será en los próximos niveles, centrarse en ver todo como una oportunidad, dejar de usar la palabra *fracaso* o *éxito* y sólo "transitar el día a día".

A muchas personas el autocuidado en pandemia se les fue a otro planeta porque las energías estaban puestas en salir adelante, transitar por un duelo, el desempleo, la soledad, incluso el mismo silencio, que para muchos es tan amenazante, porque nos da miedo mirar nuestras heridas y sombras. Sin embargo, no puedo dejar de decir que, así como hubo muchos que no escucharon a su cuerpo —entre otros, yo— por estar centrados en acompañar a tantos y tantas que lo necesitaban, también tengo que decir que hubo muchas personas que pudieron tomar conciencia de sí mismas y empezar a cuidar, primero, su cuerpo físico, haciendo por primera vez ejercicio dentro de su casa o aprendiendo a comer saludable, y desde ahí entraron a cambiar creencias y pensamientos limitantes que llevaron a modificar su forma de sentir y hoy viven de forma diferente.

La obesidad es difícil, tener una alimentación saludable es difícil, estar en pareja es difícil, divorciarse es difícil, y así con todo en la vida. Todo va a depender de tus elecciones y de los costos que quieras pagar por ellas. Quizás el problema de los seres humanos es que deseamos muchas cosas sin querer pagar ninguna consecuencia. Lamento comunicarles que esto es imposible, y agrego que todo avance implica un duelo y una pérdida. Tal vez por eso en terapia siempre pregunto, incluso a veces antes de saber qué necesitan, a qué están dispuestos a renunciar para lograr sus sueños.

Todo lo anterior depende de este cuerpo, y por eso es el que más necesita que estemos despiertas(os) para darnos cuenta de qué nos limita para estar en paz y en un silencio verdadero.

Confiando en que hayas revisado tus pensamientos los días que te pedí, entonces podemos entrar a trabajar en el tercer cuerpo dentro del autocuidado. ¿Te das cuenta de que no es tan simple cuidarse? Ahora te lo voy a complicar un poco más...

C. TERCER CUERPO: EL ENERGÉTICO

Muchas personas de las más pragmáticas deben estar pensando en que me volví esotérica o francamente loca (cosa que puede ser verdad), pero les voy a hacer algunas preguntas que les permitirán darse cuenta de que éste es otro cuerpo y uno no poco importante.

Cuando ven demasiadas noticias, ¿quedan más cansados o con una sensación desagradable? ¿Les ha pasado que van a la casa de alguien o se encuentran con alguna persona y después de eso terminan agotados? O, por el contrario, ¿se encuentran con alguien que los deja llenas(os) de energía? Es lo mismo que les pasa cuando están en algún lugar con naturaleza pura. Señoras y señores, eso es energía, porque eso es lo que somos, y, si no la sabemos cuidar, nos enfermamos.

En estos tiempos tan desafiantes es más importante que nunca cuidar este cuerpo, porque hay demasiado caos afuera de nosotros y si no establecemos mecanismos de autoprotección, la energía negativa nos consume. Por eso, elijan bien cuánto y dónde se informan, de preferencia no vean noticias, pues les prometo que de las importantes se van a enterar igual. Vean bien con quién se juntan, vayan dejando a todos los que les quitan la paz, y si no pueden porque son muy cercanos, dosifiquen el tiempo y cuídense de no engancharse para no andar con la misma vibración.

Los seres humanos somos átomos y, por lo tanto, energía, y esa energía tiene frecuencias que pueden ser altas o bajas. Las más bajas son el miedo, la vergüenza, la culpa y la rabia, y las más altas son la alegría, la paz, la prosperidad, la abundancia y el amor. Sí, ya sé que se están preguntando cómo llego a una u otra, ya les cuento.

Para vibrar alto hay que usar una puerta de entrada, que es la gratitud, cada vez que agradeces lo que tienes y lo que no tienes porque con eso que falta aprendes, vibras alto. Para vibrar bajo hay otra puerta de entrada, muy usada en algunos países latinos, que es la queja. Cada vez que te quejas vas vibrando más y más bajo, es por eso que ver las noticias no ayuda en nada, porque nos llena de miedos y juicios que afectan este cuerpo y, desde ahí, todos los demás.

Aquí quiero terminar con un mito que genera muchos conflictos, sobre todo en las parejas. Cuando ocasionalmente digo que estoy cansada, estoy triste o con angustia, NO me estoy quejando, estoy diciendo lo que siento. La queja es otra cosa, es un rumeo constante, donde, al ver todo lo que hay a mi alrededor, siempre elijo lo negativo, teniendo constantemente una sensación de insatisfacción. Si en este camino de conciencia vamos a vibrar alto, tenemos que aprender a agradecer, pero no como un gesto de educación, sino como una actitud de reverencia frente a la vida.

Este cuerpo nos conecta además con la espiritualidad, sea cual sea tu creencia. No estoy hablando de religión, sino de un sentido de trascendencia y expansión que sólo da la energía, y una forma de cuidarla es estando muy conectada(o) con el cuerpo, el cual es el primero en informar que algo no anda bien en este campo. Lo notarás porque la mala energía tensa, aprieta, produce mareos, náuseas, dolores de cabeza, etcétera. En cambio, la buena produce respiración profunda, alegría, ganas de vivir y mucha tranquilidad. Llama al silencio y la paz.

Ahora te toca a ti. Quiero que revises qué comes, pero no sólo a través de tu boca, sino también lo que comes con tu mente, qué consumes en el día y cuáles son las fuentes que te dan energía y cuáles las que te la quitan. Te invito a anotarlas para que tengas plena conciencia de que muchas de las que te la quitan son elecciones tuyas, y respecto a las que no son elecciones, quiero que reflexiones sobre cuánto tiempo y de qué forma te expones a ellas. También me gustaría que lo observaras durante unos días y tomaras todas las decisiones necesarias para cuidar tu energía como un tesoro. Escribe con el corazón:

_____

_____

_____

_____

_____

_____

_____

Lo lindo de ver el autocuidado de esta forma es que, si entras al circuito, vas a afectar positivamente a tus otros dos cuerpos. Si te comienzas a cuidar con la alimentación, por ejemplo, tus pensamientos serán más positivos porque te verás mejor, y eso motivará el tiempo que le dedicas, y desde esa energía el resto mejorará y podrás elegir con más conciencia qué y quién te hace bien o no.

Que no se te olvide que, a mayor vibración, mayor protección de tu sistema inmunitario y mejor salud; y a menor vibración, tu sistema inmunitario decae y es probable que te enfermes más.

Sé que este concepto de autocuidado implica otro que es muy difícil, especialmente para el mundo femenino, y que tiene que ver con ponernos en primer lugar y desde ahí salir al mundo a dar lo mejor de nosotras. Es por esto por lo que yo primero, yo segundo y yo tercero, no es broma. Nadie da lo que no tiene, y para cuidar a otros necesariamente hay que cuidarse a uno mismo.

Cuando escribo esto me río sola por mi absoluta inconsecuencia. Yo no apliqué esto que les pido, y no lo hice durante casi siete años de historia. Cuando se me desarmó mi mundo emocional y financiero, y la vida me sacó todas las cartas, yo, como jefa de hogar, al igual que muchas mujeres, me empeñé en empezar de nuevo contra viento y marea para que todos estuvieran bien. Así lo hice por cinco años, cargando una deuda enorme, consumida por mi autoexigencia y mi necesidad de avanzar. En este camino llegó la pandemia, la que me tocó vivir casi totalmente sola y durmiendo cuatro horas diarias para obtener la información que me ayudaría a desarrollar conferencias *online* para seguir produciendo ingresos para todo mi equipo de trabajo, más mis gastos. Paralelo a esto se supo, producto del reconocimiento que les conté al principio, que asistía hacía muchos años a personas a punto de morir, lo que me llenó de pedidos de rituales y acompañamientos gratuitos. En resumen, me olvidé de mí y me centré en el resto. Suena lindo y lo es, y lo peor es que no me arrepiento; piensen que debo haber realizado unos seiscientos acompañamientos y rituales de muerte de aquellos que no se pudieron despedir en todo el 2020 y 2021.

No los voy a aburrir con todo lo que viví, pero estuve grave y creo que no había llorado tanto hacía muchos años por los dolores y porque no podía parar de trabajar, a pesar de que mis médicos queridos me prohibieron atender pacientes, y estos últimos fueron muy generosos en entender. En resumen, presenté un cuadro de la enfermedad de los cuidadores, fatiga aguda y un problema hormonal que afectó al corazón en situaciones de tensión. Y yo hablando de autocuidado. Es que, de verdad, por bien que uno haga las cosas, no siempre alcanza. A mí no me alcanzó porque me olvidé de mí, con una falta de amor propio enorme y un exceso de ego de sentir que podía con todo, y no fue así. Así que, con mi inconsecuencia, pero con la autoridad de haber aprendido, te pido que trabajes en tus tres cuerpos antes de siquiera pensar en pasar a la cuarta y última dimensión del amor propio.

Suponiendo que ya estás en el camino de las tres dimensiones anteriores, entendiendo por esto que se entrecruzan, que uno no termina ni se gradúa, podemos pasar a la que, a mi juicio, es la más difícil de trabajar: la autoprotección.

Cuarta dimensión: autoprotección

Se nos puede ir la vida intentando desarrollar esta dimensión como corresponde, y creo que, nuevamente, es más difícil para el mundo de lo femenino. Debido a la cultura patriarcal y judeocristiana, históricamente nos tildaron de "brujas" y nos quemaron en las plazas porque teníamos una sabiduría que lo masculino no podía explicar, y así nos mantuvieron en el espacio de lo privado. El mayor daño que nos hizo este modelo, entre otros, fue cortarnos el cable con la intuición y con esa sabiduría ancestral que justo ahora se ha convertido en una fuerza enorme que trabaja por volver a conectarla. Por mucho tiempo, cuando nos conectábamos con esa energía, nos hacían creernos locas y, hasta el día de hoy, cuando emerge algo del alma, viene la gran duda de si será cierto lo que siento o es una locura. En uno de los extremos, es lo que pasa con los abusos y con la violencia, donde el primer filtro por el que pasan estos hechos es el de nuestra cabeza culposa y desconectada de *mi* verdad por este sistema espantoso que nos obligó a creer más en la mente que en nosotras mismas.

Gracias al esfuerzo de muchas, esta conexión se ha vuelto a entender como importante y como una fuente de información que nunca se equivoca y que, cuando nos unimos entre todas, se hace invencible. Por eso es tan importante que la sororidad no tenga tinte ni sesgo político, porque ese cable pierde fuerza si se politiza y sólo algunas se hacen dueñas de estos conceptos.

Al cortarnos ese cable de sabiduría, nos convencieron de que la protección de lo femenino venía siempre desde afuera y, por supuesto, como era de esperar, desde lo masculino. Entonces, en nuestro inconsciente quedó instalada la idea de que nos protegían nuestros padres, hermanos, parejas y hasta nuestros hijos, sintiendo que sin ellos estábamos desprotegidas y, además, inmersas en una profunda soledad. Por eso es tan difícil trabajar esta dimensión, porque hay que romper patrones muy arraigados para conectar con nuestra alma-intuición y creer en nosotras. Desde ahí, empezaremos a convencernos de que nos podemos proteger por nuestra cuenta.

Esto es muy interesante verlo desde lo social porque, por ejemplo, en las marchas feministas todo esto parece estar claro, pero en la intimidad del vínculo, como seguimos uniendo el amor al sufrimiento y a la entrega por el otro, nos siguen matando no sólo por la patología de hombres violentos que pierden el control, sino también porque nosotras, al vivir con el cable cortado durante siglos, elegimos desde la carencia y no desde el merecimiento y la abundancia. Nos siguen gustando los malos; los buenos nos aburren y esto está determinado por esa desconexión. Sentimos que el de afuera me hace o me debe hacer feliz, sin entender que esa responsabilidad es absolutamente mía, y no sólo eso, además tengo la fuerza y el poder desde el alma para poder hacerlo.

Quizá la forma más difícil en la que se manifiesta el aprender a protegerse es el poner límites frente a los demás y, ante todo, frente a mí misma primero. Aprender a decir "no", "no quiero" o "no puedo" debe ser de las cosas más difíciles de aprender.

Lo masculino (no crean que me he olvidado de ustedes) aprendió de pequeño la autoafirmación y, por lo tanto, siempre le ha sido natural, por este mismo modelo, ejercer su autocuidado, pero desde la competencia, y están muy lejos de tener conciencia del concepto como lo explicamos anteriormente. Si a nosotras nos cortaron el cable con la intuición y con la tierra, a ellos ese modelo les cortó la conexión con las emociones y su vulnerabilidad, que es donde está la mayor fuerza de lo masculino.

Todos tenemos trabajo que hacer para deconstruir lo aprendido y volver a vincularnos con toda la sabiduría que tenemos, y ser personas integradas y conectadas con una espiritualidad real. Cuando lo femenino entiende desde el alma que se puede proteger desde ella y que puede pedir ayuda sin miedo a un sistema que la va a escuchar y validar sin que la encuentren loca o exagerada, la sociedad empieza a moverse hacia códigos de igualdad, fraternidad y equidad reales.

Dije alguna vez que cuando una mujer aprende a decir que nadie la va a amar, cuidar, mimar, consolar, acompañar y proteger como ella misma, apenas ahí está entrando en el camino del amor propio. ¿Eres capaz, ya seas hombre o mujer, de decir estas frases desde el alma? ¿Te las crees si te las dices? Y tengo otras preguntas: ¿cómo te proteges? ¿A quién o a quiénes te cuesta más poner límites? A mí, por ejemplo, me cuesta más con hombres que con mujeres, ¿un clásico o no? ¿Tienes la sensación de autoprotección o necesitas algo externo para sentirla? Anota las respuestas a estas preguntas.

Está de más decir que, en pandemia, estas cuatro dimensiones se movieron, cambiaron en nosotros consciente o inconscientemente. Dentro de varios y varias que hicieron crisis, este contexto sanitario los llevó al quiebre de sus relaciones y la reinvención de muchos y muchas hacia sueños nuevos y cambios de vida que han hecho de esta pausa, como la llamamos en un principio, una plataforma de lanzamiento hacia un despertar que, en la mayoría de los casos, no tiene vuelta atrás.

Pero con todo esto claro, ¿qué pasa si no alcanza? ¿Qué ocurre cuando, intentando trabajar mi amor propio, me supera el caos de afuera y no sé qué hacer? Esta pregunta debe haber sido la que más escuché durante todo este tiempo, y durante mucho rato no tuve respuesta.

Creo de corazón que todas(os), con los pocos o muchos recursos emocionales que tenemos, hemos intentado hacer lo mejor posible; sin embargo, algo nos pasa que, con toda la información disponible, las situaciones difíciles nos terminan sobrepasando por más que lo que les he contado hasta aquí lo hayamos aplicado. En esto yo soy un buen ejemplo de cómo el caos de afuera me permitió olvidarme de mí y enfermarme.

Entonces, si el trabajo del amor propio es tan importante —lo más importante, creo yo—, ¿por qué no les alcanzó a muchos y muchas para transitar la pandemia, un duelo o cualquier otra situación difícil de la vida? Según el estudio que realicé, es porque hay algunas habilidades que debemos saber tener conscientes y aplicarlas todos los días y que, sumadas al amor propio profundamente trabajado, producen un tránsito hacia un orden interno. En consecuencia, frente al caos externo, que lo vamos a seguir teniendo no sólo por la pandemia, sino también por los cambios medioambientales, políticos y sociales de cada país, las crisis migratorias y las tradicionales luchas de poder en el mundo, es fundamental lograr un orden interno: una pausa para producir, desde el amor propio, las habilidades necesarias para mantener un eje que nos haga transitar con lo que sucede afuera, pero desde la paz y el silencio.

En el próximo capítulo veremos cuáles fueron esas habilidades encontradas hasta el momento (porque siguen apareciendo) para transitar por cualquier situación difícil de tu vida que te saque del camino del amor propio.

NO OLVIDES:

- El silencio hace ruido siempre que nuestra mente no esté en paz.
- Para vibrar alto debemos conectarnos con la gratitud.
- Autoconocimiento: descubre tus luces y sombras.
- Autoaceptación: acepta aquello que ya conoces. Conéctate con la disciplina y la voluntad.
- Autocuidado: cuida tu cuerpo físico, emocional / mental y energético.
- Autoprotección: resguarda tu cuerpo energético, aprende a decir "no" y a poner límites.

Capítulo dos

Habilidades necesarias para transitar situaciones difíciles

En el capítulo anterior nos preguntamos qué pasaba si, siendo conscientes del amor propio y de todas sus dimensiones, éste no nos alcanzaba para estar en paz, sobre todo en situaciones como las que estamos viviendo. Como mencioné antes, cuando fui recibiendo a diario la información sobre lo que estaba pasando en el mundo hispano y la iba simplificando para que quedara lo más clara posible, pensé en un principio que las habilidades que iba traduciendo sólo iban a servir para transitar la pandemia, pero al pasar el tiempo e irlas validando, con muchos colegas nos dimos cuenta de que podían ser aplicadas a cualquier situación difícil de la vida.

Eso, sin duda, me alegró mucho y me hizo profundizarlas aún más. Para esto, los invito a retroceder un poco al inicio de este libro, cuando hablábamos de las dos primeras palabras que habían aparecido en mi cabeza cuando se inició este proceso: *tragedia* y *oportunidad*. Cuál de estas dos elegiremos es la primera decisión que hay que tomar cuando uno está inmerso en algo sorpresivo, de largo aliento o que parece no tener solución. Si bien es cierto que existen dos tipos de problemas, los que tienen solución —en los que ésta se planifica con decisiones— y los que no —que, por lo tanto, dejan de serlo—, no es menos cierto que el tránsito en ambas situaciones no es nada sencillo, y por más que digamos "vamos, que se puede", no siempre se logra esa paz tan anhelada.

Entonces, volvamos a estas dos palabras que, para elegirlas, necesitamos un segundo de conciencia y pausa para que, absolutamente despiertos, tomemos una decisión que cambiará el curso de toda la situación vivida. Imagina que estás en una circunstancia que te tiene perdida(o), con mucha angustia y dolor, y en ese momento te dices, como tantas veces en la vida, "no sé qué hacer". Es justo ahí, en la parálisis frente a lo que sucede, donde es importante la pausa para que conscientemente te preguntes si eso que vives lo vas a transitar como una tragedia o como una oportunidad.

En este libro la elección es clara, porque si elegimos la tragedia, nada de lo que estoy intentando mostrarte sirve de algo. Vamos a elegir la palabra *oportunidad* para comenzar este trabajo, y una vez que se toma, automáticamente se abren dos requisitos que tienes que aceptar para poder empezar a vivirlos como tal:

1. El primero y más importante es que te tienes que poner en calidad de alumna(o) frente al proceso. Hay que asumir que no sabemos nada y que ni de eso estamos seguros, como decía Sócrates. Cuando asumo esa verdad ineludible frente a la situación que tengo al frente, la miro como si la tuviera personificada en un ser separado de mí al que estoy invitada(o) a conocer. No lo conozco, obviamente no me cae bien

y siento resistencia a conocerlo. Me da miedo, pero no tengo otra opción que arriesgarme a saber qué me viene a decir y, sobre todo, qué me quiere mostrar como aprendizaje, a pesar de que en un principio no quiero aprender nada de él.

¿Se acuerdan de mi libro *Bienvenido dolor*? Ahí hablaba de la palabra *encomienda* como un símbolo de ese dolor que, cuando llegaba a tu casa, por supuesto que lo hacía siempre sin avisar y dependía de nosotros lo que hacíamos con ella. Unos la ignoraban y ni la mencionaban, sintiendo que, si hacían eso, era como si no existiera; otros la rompían por la rabia y la impotencia que les producía; y algunos, con miedo, decidían abrirla para ver qué traía, pues querían descubrir sus enseñanzas y, por qué no decirlo, los regalos que venían dentro. A esto me refiero cuando hablo de que si elijo la palabra *oportunidad* estoy optando por colocarme frente a esta situación nueva que llega a mi vida como un aprendiz que va a descubrir qué me trae, aunque no lo quiera ni saber. Pero para esto necesitamos de la segunda condición.

2. Necesitamos cambiar el miedo por la curiosidad. Pero este cambio de palabras no es tan simple. Viene a reforzar el primer punto, porque nos ubica en posición de niños y niñas frente al proceso. El miedo es cobarde; cuando uno se acerca a preguntarle qué quiere, arranca a perderse, pero si sólo me quedo en él, me paralizo y no puedo avanzar. Esto último es justamente lo que no pasa con la curiosidad, que me permite avanzar desde la inocencia y sin juicios. Es importante mencionar aquí que parece fácil cuando lo escribo, pero no lo es, requiere de mucha humildad y entender que de verdad no controlamos nada más que nuestra actitud frente a

esta situación. Del tema del control hablaremos con mucha profundidad en el próximo capítulo.

Ahora te toca a ti. Pregúntate y recuerda todas y cada una de las situaciones difíciles que te ha tocado transitar: ¿cuáles han sido elegidas como oportunidad y cuáles como tragedia? ¿En cuáles te has colocado en calidad de alumna(o) y has cambiado el miedo por curiosidad? ¿Has intentado imponer el control, pasándola muy mal, sin entender tal vez que lo que resiste, persiste en tu vida para siempre, dependiendo de tu decisión y voluntad? Anótalo y desarrolla aquí tu propia historia, te darás cuenta, ojalá, de que el ser guerrero que hay en ti te ha llevado a ganar muchas batallas eligiendo ser alumna(o), y cuanto más rápido te rindes a la vida, más rápido aprendes y pasa sin dejar heridas. Incluso, y aunque suene masoquista, puedes llegar a agradecerlo.

_____

_____

_____

_____

_____

_____

_____

Ahora, sigamos en el proceso. Ya elegimos la palabra *oportunidad* y sabemos qué tenemos que hacer para poder sacarle el mayor provecho. Después de esta elección —que para mí es el punto de partida de todo en la vida, incluso de las situaciones placenteras—, empezamos a requerir trabajar otras habilidades de forma cotidiana que nos llevarán a sentir paz. Éstas no te eximen del dolor, éste sólo se transita y se llora, y para eso hay días buenos y otros malos, y nada más. Lo que sí te puedo asegurar es que trabajar las habilidades expuestas a continuación te va a dar tranquilidad para caminar de una manera distinta. Ahora vas a empezar a conocerlas una a una y estás invitada(o) a cultivarlas todos los días por el resto de tu vida. Es la consecuencia de haber elegido la palabra *oportunidad* y estar en este sendero de conciencia.

Aceptación

La habilidad madre de todo este proceso difícil que estás viviendo es la aceptación. No se pueden imaginar la cantidad de definiciones que estudié para encontrar una que me hiciera sentido para lo que necesitamos en este libro, hasta que un día, en una conversación muy simple, mi amigo Jorge Bucay me la regala. Aceptar significa "perder las urgencias de querer que las cosas sean como yo quiero que sean". ¡Wow!: perder las urgencias en un mundo que nos dice constantemente que todo, absolutamente todo, es urgente, me pareció fascinante y, a la vez, terriblemente difícil.

Esta habilidad no implica tanto estar de acuerdo con lo que se acepta ni tampoco significa rendirse. La aceptación es un proceso activo que requiere entender que mi capacidad de control es mínima, o francamente nula, y que, por lo tanto, tengo un solo poder, que es elegir cómo voy a transitar por esta situación. Vuelven a aparecer las palabras *elección* y, en consecuencia, *pausa*, y seguirán haciéndolo en toda esta historia.

Pareciera que las cosas que nos pasan no definen nuestra vida, sino el relato que nos contamos de ellas. Es cómo las miro lo que determinaría cómo las voy a vivir. Les voy a poner un ejemplo que he contado en muchas conferencias: se levantan en la mañana, abren la cortina de la habitación y ven una nube negra, pero muy negra. Inmediatamente, si tu cabeza tiene esa definición, va a pensar que el día está horrible. Con este mandato todo tu día estará determinado. Empezarás vistiéndote como para un día horrible, pues en los días que uno define horribles se pone colores diferentes a los que uno define como lindos. Seguramente, además, vas a comer como para día horrible, ya que estos días uno ingiere más carbohidratos o grasas. Probablemente, socializarás poco, porque en los días horribles uno se repliega hacia dentro y no quiere ver mucha gente; finalmente, si puedes, te acostarás temprano porque el día está horrible. A las personas que no les gustan los días grises (a mí me encantan), y que definieron el día al ver la nube, ¿me pueden explicar qué culpa tenía la nube de todo lo que hicieron durante el día? Seguramente se están riendo, pero son los relatos que me cuento los que definen cuánto aprendo, cuánto sufro y cuán capaz soy de aceptar esa situación que no me gusta.

Recuerdo, hoy con humor, que, mientras estábamos en pleno confinamiento, en casi todos los países hacer cualquier tipo de trámite era casi imposible. La experiencia de salir al supermercado y hacer filas, el distanciamiento, el casi no poder tocar nada hacía que todo acto demorara el doble de lo que usualmente tomaba. No les puedo contar cuánto repetía la definición de aceptación todos los días, casi como un mantra, dada mi característica impaciencia que, gracias a la pandemia, hoy casi está superada. ¡Cuánto nos cuesta perder las urgencias! Esperar no sólo tiene que ver con sentarse a realizar ese acto, tiene que ver con fluir por el ritmo de la vida, que siempre es más sabio y que, por más que intentemos apurar, cuando lo hacemos, generalmente arruinamos más las cosas o la experiencia se hace más desgastante.

Ahora te toca a ti. Reflexiona con total honestidad en la intimidad de tu alma qué te cuesta aceptar. ¿En qué tema las urgencias te angustian y en cuáles te es más fácil asumir que la vida tiene su propio ritmo y que "será cuando tenga que ser"? Te aclaro en este punto que la aceptación no es pasiva, sólo significa que, si ya hiciste todo lo que de ti dependía, debes perder esa urgencia y aceptar que hasta ahí llegó tu control. Nada más se puede hacer.

Cuando yo desarrollé este mismo ejercicio, me dio mucha risa cómo salía mi impaciencia, mi control y a veces mi impotencia por querer ver resultados rápidos, y sólo tenía que entender y sentir unas palabras que hoy repito muchas veces al día: suelta y confía.

Les quiero contar una situación límite en donde la aceptación se pone en jaque dentro de un contexto muy doloroso y que además se vive con mucha culpa. Ustedes ya saben que llevo más de veinte años acompañando gente a "cruzar el puente" de la vida y también a los que se quedan de este lado. Esto me ha dado cierta intuición para poder presentir cuánto tiempo le falta a una persona para cruzar ese puente o en qué lugar se encuentra dentro del proceso. Entonces, una de las preguntas que primero me hacen los familiares después de muchas conversaciones es cuánto tiempo creo yo que le queda a la persona de vida. Si han tenido una pérdida, se podrán dar cuenta de inmediato de la culpa que puede provocar preguntar eso, porque es manifestar de forma encubierta el agotamiento que esa familia tiene y la impaciencia de no poder saber cuánto durará la maratón que están corriendo. Aquí es clave perder las urgencias, y nunca ha sido más real la frase de alcohólicos anónimos: "Un día a la vez" o "Sólo por hoy".

Estas frases pueden sonar por mucho tiempo, pero se reducen a *este* instante, nada más que eso. Cuando en este instante logramos dar lo mejor de nosotros en una situación dolorosa, complicada o incluso cotidiana, entonces estamos trabajando como corresponde la aceptación.

Quiero preguntarte a ti: ¿eres capaz de vivir las situaciones del día a día, hasta las más difíciles, momento a momento, o tiendes a apurar los procesos e intentar manejar todos los hilos hasta que se resuelvan? Vuelvo a repetir que lo que se resiste, persiste en tu vida, y cuanto más rápido pierdas la premura, más posibilidades hay de que el dolor pase y el significado de las situaciones cambie a tu favor.

Habiendo respondido y revisado esta primera habilidad, estamos listas(os) para pasar a la segunda, la cual es clave en estos tiempos y será muy importante para la humanidad.

Flexibilidad

La segunda habilidad necesaria para transitar por situaciones difíciles es la flexibilidad. Quiero pedirte un favor: no importa la edad que tengas, sólo mueve tu espalda y ve si suena o te cuesta. Ponte de rodillas en el suelo e intenta pararte rápido. Obviamente, te pido esto si es que no tienes ninguna lesión que te impida hacerlo. Si estás en una silla de ruedas, toma algo con tus brazos y ve cómo está tu fuerza. Si todo esto te fue fácil de hacer, partimos bien con esta habilidad. Si, por el contrario, encontraste que tu cuerpo está rígido, empezamos a tener problemas con ella.

Es fundamental entender que *a mayor rigidez, mayor enfermedad; y a mayor flexibilidad, mayor salud.* Ahora te la voy a complicar un poco más, porque esta habilidad requiere de la atención de tus tres cuerpos. Sí, exacto, otra vez tus tres cuerpos. Existen muchos estudios, sobre todo desde el yoga y la meditación, que prueban que si eres flexible con tu cuerpo físico te será más fácil serlo con tus emociones, pensamientos y energías.

Vuelvo a remarcarte que esta flexibilidad necesariamente requiere de haber trabajado la aceptación, para rendirse ante aquello que no puedes cambiar, hacer lo que haya que hacer para lo que sí, y ver qué cosas, pensamientos y partes de tu historia te hacen ser rígida(o) y, por lo tanto, te quitan tranquilidad. La rigidez quita paz siempre, genera conflictos, ansiedad, frustración y muchas cosas más que, para este trabajo que estamos haciendo ustedes y yo, no queremos sentir.

Hay veces en que ser flexible se interpreta como ser voluble o manipulable, y la verdad es que eso es falso cuando esta habilidad sale desde el amor propio y se entiende o se siente que lo único constante es el cambio, y, como dicen los budistas, que *lo único permanente es la impermanencia*. Rescato en esta parte una de las afirmaciones del gran Humberto Maturana, que ya no está con nosotros, pero que nos dijo que era un derecho humano cambiar de opinión. Imagínense lo sano que puede ser cambiar una creencia rígida, de la que quizá no te has dado cuenta y que, sin saberlo, te quita enormes posibilidades de innovar y tener nuevas oportunidades.

Por ejemplo, revisa cuántos ritos podrías modificar para jugar a ser más flexible: irte o llegar a tu casa por distintas calles, cambiar el lado en el que duermes en tu cama, los canales que ves en la televisión, los pensamientos frente a ciertas cosas, etcétera. Es que estamos entrenados para funcionar en piloto automático y eso nos quita la opción de darnos cuenta de que todo es una elección. Seguramente me dirás: "Pilar, eso no es cierto, yo no puedo elegir si voy o no voy al supermercado". Estás equivocada(o), sí lo eliges, lo que pasa es que tú sabes las consecuencias que tiene no ir para ti y tus seres queridos, por lo tanto, vas, pero podrías, aunque fuera extraño, decidir no ir. Lo mismo pasa con el trabajo; supón que no te gusta, entonces tu elección y flexibilidad están en empezar todos los días a buscar ese oficio que, aunque a veces te canse, te haga levantarte todos los días con la sensación de que aportas algo a este mundo.

Todo, absolutamente todo, es una elección, pero vivimos en un sistema al que le conviene que la gente no sea consciente de eso, pues se puede volver difícil de gobernar. Las personas despiertas de conciencia molestan y son llamadas "generadoras de conflictos".

Ahora te toca a ti. Revisa tu cuerpo, ¿cuán flexible lo sientes? ¿Te es fácil moverte (por peso, por articulaciones, etcétera)? Hoy está siendo cada vez más importante y mucha gente está tomando conciencia de que la actividad física es fundamental para una vida sana. Revisa la flexibilidad de tus emociones, ¿lloras cuando quieres, o todavía sigues creyendo que es malo y que aguantar es lo que define tu fortaleza? Llorar es el acto de mayor salud y fortaleza que puedes tener si entiendes que implica el coraje de expresar y no el arte de aguantar. ¿Ríes fuerte cuando tienes ganas, o piensas aún que la risa abunda en la boca de los tontos? ¿Te permites tener conciencia del miedo, o es cobardía y no has logrado ver, tal vez, que la rabia esconde la tristeza y el miedo? ¿Puedes transitar por tus emociones de acuerdo con lo que tu cuerpo te indique, sin juicios y sin sanciones?

_____

_____

_____

_____

_____

_____

_____

_____

_____

Hoy estamos metidos en una montaña rusa de emociones. Despertamos mal, terminamos bien el día, o al revés. De repente sentimos cosas y no sabemos por qué y, por lo tanto, la flexibilidad emocional es trascendental para mantener nuestra salud mental. ¿Cuán flexible eres con tus pensamientos y creencias? ¿Puedes, por ejemplo, escuchar con el corazón abierto a quien piensa distinto a ti? ¿Te sientes capaz de leer sin juicio un periódico de un sector opositor a tus ideas políticas? ¿Eres de los que dice habitualmente "yo soy así, y así me tienen que aceptar"?

Si lo deseas, puedes responder a continuación.

_____

_____

_____

_____

_____

_____

No es casual que las personas rígidas en los tres cuerpos sean las que más se enferman en cualquiera de sus dimensiones, y que las flexibles vivan más y con mejor calidad de vida. Los edificios que se caen en los terremotos son los que no se mueven; los que oscilan y bailan al ritmo de la onda sísmica se mantienen en pie. Lo mismo pasa con nosotros.

Para terminar, todo lo anterior se va a expresar en tu cuerpo energético y te permitirá, de acuerdo con tu flexibilidad, sentirte en plena extensión y goce por mucho tiempo. Si en esta revisión tiendes a sentir que estás apretada(o), tensa(o) o rabiosa(o), probablemente haya alguna parte de ti poco flexible, o tu capacidad de aceptación no sea lo suficientemente flexible como para permitirte disfrutar de la vida con los problemas que tienes. Esto también lo puedes anotar y ver cómo está tu flexibilidad en cada uno de tus tres cuerpos. Si lo haces de forma profunda, verás cambios de inmediato y podrás entrar al circuito por el cuerpo que quieras. Los resultados siempre serán buenos y muy sanos para tu salud integral.

Conexión con el presente

La tercera habilidad, de acuerdo con el sistema en que vivimos, es la más difícil de practicar en cuanto a conciencia se refiere, porque significa estar, literalmente, todo el tiempo peleando con tu cabeza: es aprender a estar conectado en el presente. ¡Uyyy! Los estoy viendo decir "ufff, eso sí que es difícil". Y sí, realmente lo es, porque fuimos entrenadas(os) por años para que nuestra cabeza fuera adelante, intentando controlar lo incontrolable, o que fuera hacia atrás para desarrollar nostalgia por lo vivido. ¿Se acuerdan de la frase "todo tiempo pasado fue mejor"? A eso me refiero. No sólo en esta investigación, sino que mucho antes, yo había inventado dos enfermedades que se generan si esta habilidad no se cumplía o vivía. Los que han participado en talleres conmigo o leyeron mis dos últimos libros saben de lo que estoy hablando... Exacto, me refiero al exceso de futuro y al exceso de pasado.

Yo diría que, como nunca, hoy nuestra cabeza está puesta en el mañana o en dos horas más, quizá porque nuestra vida actual no nos gusta o porque estamos entrenados para pensar que, si colocamos nuestra mente allá adelante, nos irá mejor y controlaremos más. Pero la verdad es que esto es un tremendo error, porque lo único que hace es ponernos en alerta con mucha angustia (vivida desde parálisis corporal) o ansiedad (vivida con profunda inquietud, sintiendo que en cada movimiento se llena ese vacío que sentimos dentro al irse nuestra cabeza hacia el futuro). Físicamente, en ambos casos, se vive con angostura respiratoria y reinan los suspiros, mientras nuestra cabeza no para de estar en un lugar donde el cuerpo no está. Por supuesto que esa visión nunca es positiva.

Aquí quiero aclarar que tener exceso de futuro no es lo mismo que planificarlo conscientemente. Les pongo un ejemplo: tengo una boda en dos meses y mi vestido está en el clóset, pero al pensar en ese evento veo que no entraré en ese vestido porque durante la pandemia subí mucho de peso. Si sólo me quedo con esa imagen sin hacer nada, es exceso de futuro y eso me va a angustiar o generará ansiedad, incluso pudiendo caer en un círculo autodestructivo de comer más y más. En cambio, si pienso en la boda, visualizo que es en dos meses y hoy empiezo a hacer ejercicio y a comer saludable para que el vestido me quede, con disciplina y voluntad estoy planificando el futuro y no teniendo exceso de él. ¿Se entiende? Para no tener exceso de futuro, tengo que empezar a actuar hoy sobre eso que veo en el mañana. ¿Cuál de los dos tiendes a usar más tú en tu vida, sólo el exceso o planificas? O tal vez ambos, dependiendo de la situación.

El exceso de pasado tiene dos síntomas, que son la melancolía y la tristeza, y en pandemia los que presentaron con mayor frecuencia este cuadro fueron los alumnos de secundaria que no pudieron graduarse; los que iban a entrar a la universidad y no lo hicieron, sin poder conocer ni a sus compañeros; los emprendedores que tuvieron que cerrar, quebrar o no poder seguir con sus sueños; y la tercera o cuarta edad, quienes, como me dijo mi padre: "Por cuidarnos la vida, nos la están quitando a quienes no tenemos tiempo para perderla". Gran frase, padre mío, y eso demuestra que hay personas que, así como en estos grupos, sintieron por mucho rato que antes eran más felices que hoy, y tal vez aún lo hagan.

Todos, sin excepción, padecemos en algunos momentos de ambas enfermedades. Una pandemia más el exceso de futuro no ayudan en nada. La razón tiene que ver con el motor de casi todas nuestras decisiones, que es el miedo. Por eso aseguramos el auto o tenemos dinero guardado, porque fuimos educados en una estructura de la carencia que nos hace adelantarnos en el tiempo, sin lograr absolutamente nada que no sea seguir cada vez más asustados.

Seguro deben estar preguntándose, "Pili, tienes razón, a mí me pasa eso, y si quiero o necesito desarrollar esa habilidad, ¿cómo lo hago?". Esto lo expliqué en libros anteriores, por lo que haré un resumen de las tres formas que diseñé para disminuir, pero no eliminar, ambos excesos. Primero revisa en cuál de los dos te mueves y ve cómo se presenta.

Por ejemplo, cuando te duchas, ¿te duchas o estás pensando en lo que harás después? Cuando comes, ¿comes o estás con el celular planificando el paso siguiente del día? Estas preguntas seguramente te harán sentir que estás en una situación crítica, lo cual es maravilloso porque acabas de tomar conciencia y ahora tienes todas las oportunidades para cambiar. Entonces, las tres formas de mantenerse lo más posible en el presente son:

1. La respiración consciente. Trata de inhalar, aguantar y exhalar en cuatro tiempos, respectivamente. Esto lo puedes hacer hasta en un pasillo y cada vez que te des cuenta de que tienes apretada la boca del estómago y estás suspirando mucho. Por eso han aumentado profundamente, sobre todo durante la pandemia, las personas que hacen yoga, pilates o cualquier actividad física: porque éstas nos sacan de lo incierto y nos anclan al presente.

2. La segunda forma, y para la cual hay que estar consciente, es que cada vez que te des cuenta de que tu cabeza se fue hacia delante o hacia atrás, te hagas dos preguntas que generan una carpa que sólo te dejará observar y vivir lo inmediato: ¿dónde estoy? y ¿qué estoy haciendo?

3. La tercera opción —porque es a gusto del consumidor, de acuerdo con la que más les sirva según el momento u ocasión— es una habilidad que será fundamental en el desarrollo de este libro de aquí en adelante, y que es la más antisistema que hay: la lentitud. Es decir, hacer todo lo más lento posible. Vamos

a volver sobre este concepto más adelante, pues quiero explicarlo en profundidad. En lo que a este punto se refiere, sólo quédense con la idea de que hacer las cosas lento aumenta la conciencia, y eso me conecta con el presente.

Ahora te toca a ti trabajar y preguntarte: ¿cuál forma te parece más fácil o has practicado, y cuál te parece más complicada?

_____

_____

_____

_____

_____

_____

Voy a proponerte una apuesta: de acuerdo con mi estudio, la que más has practicado es la respiración consciente, y la que te parece más difícil es la lentitud. Con esta última existe el prejuicio, muy occidental, por lo demás, de que disminuye mi productividad durante el día y, por lo tanto, me hace menos eficiente. Les comunico a los que piensan esto que están sumamente equivocados, ya que la lentitud nos hace cometer menos errores y ser más profundos y eficaces en nuestros logros.

Antes de pasar a la próxima habilidad (que en realidad son dos codependientes), te quiero pedir que por una semana revises tu exceso de futuro y de pasado y lo escribas;

y también que practiques alguna de las tres formas de ate-
nuarlos y veas cuál y en qué momento te sirve alguna de las
tres. Te aseguro que te vas a sorprender de lo poco que estás
en el aquí y el ahora.

_____

_____

_____

_____

_____

_____

¡Hola! Te saludo de nuevo después de esta semana de
práctica con la tercera habilidad, y damos paso a la cuarta y
a la quinta, porque se necesitan mutuamente para funcionar bien dentro de nosotros.

Paciencia y confianza

La cuarta y quinta habilidad son la paciencia y la confianza.
Si yo les pregunto qué es la paciencia, todos o casi todos me
van a decir que es el arte de esperar. Frente a esto les diría
que tienen razón, pero que les falta algo para definirla. Hoy,
sin temor a equivocarme, podría afirmar que toda la humanidad está en espera de algo o alguien, ¿cierto? Unos espe-
ran trabajar, otros más viajar seguros, algunos ver a alguien
que quieren, otros vacaciones, etcétera. Sin embargo, estarán de acuerdo conmigo en que no toda la humanidad tiene

paciencia. Lo que pasa es que la paciencia es la conducta de la buena espera y, para eso, se necesita confiar.

Por eso los *pacientes* se entregan a los médicos y no arman teorías, no conspiran y confían en que cada uno hará su mejor esfuerzo. Los *impacientes*, en cambio, son profundamente desconfiados, arman teorías, buscan culpables, se llenan de rabia y eso les hace muy difícil tener una buena conducta de espera.

Recuerdo, ahora que escribo, una anécdota que me ocurrió en el aeropuerto. Llegábamos de un vuelo desde Panamá a las tres de la mañana; yo suelo dormir bien en los aviones y no me dan miedo, pero esta vez no dormí nada y llegué muy cansada. Al aterrizar nos avisan que hay un problema en el aeropuerto y que tenemos que esperar arriba del avión por un rato. Al lado mío una señora dice en voz alta que estábamos cansados, lo cual era cierto, pero nada podíamos hacer (vayan integrando los conceptos como "aceptación" y "flexibilidad" desarrollados anteriormente). Después de media hora nos dicen que ya podemos salir, pero sin darnos mayor información. Empezamos a caminar y cuando íbamos a llegar al control sanitario para hacernos el PCR y entregar los documentos correspondientes, nos paran a todos y nos dicen que no podemos seguir. La explicación fue la misma que arriba del avión: "Algo pasa en el aeropuerto y no pueden pasar". Además aclaran que parece que la solución tenía para mucho rato. Frente a esta información, agarré un bolso de mano que tenía y me tendí en el suelo a ver si podía dormir un rato. La señora en cuestión fue a discutir con la gente del Ministerio de Salud y el personal, muy amablemente a mi parecer, le explicó que era un

tema serio y que no podían dar más información. Cuando
ella regresa de gritar, me mira tendida en el suelo y me dice:
"Por Dios que eres calmada, Pilar, para estas cosas". Y yo le
respondo: "¿Tengo alguna opción distinta? Yo creo que nos
están protegiendo de algo y, si bien es desagradable, lo que
no puedes controlar hay que soltarlo; por lo tanto, confío en
lo que están haciendo y voy a esperar sin hacerle daño a mi
cuerpo, que ya está lo suficientemente cansado como para
además enojarlo con mi desconfianza". Ella me miró y me
dijo: "Tienes razón". Cuento corto, había un aviso de bomba en el aeropuerto y hasta que no confirmaran que no era
nada no nos iban a dejar pasar. ¿Se dan cuenta de que para
esperar bien hay que confiar en que cada ser humano hace
su mejor esfuerzo con los recursos que tiene? Sí, ya sé, me
van a decir que no siempre es así (ésos son los desconfiados,
jajaja), pero yo elijo pensar que sí, y mis sistemas gástrico
e inmunitario funcionan mejor, y ni hablar de mi aspecto
emocional.

Hoy se necesita paciencia de la buena, esa que confía en
algo o en alguien. Puede ser lo que ustedes quieran, Dios, la
energía universal, la Era de Acuario, la medicina, etcétera,
pero para poder esperar, hay que confiar. Yo, particularmente, confío en Dios como fuente universal y energía amorosa,
pero también me ayudó mucho una frase de una amiga
guatemalteca que un día me dijo al verme triste: "Siempre
que llovió, paró. Esto también va a pasar". Ella no sabe cuántas veces llorando he repetido esa frase en mis días más
oscuros, ya sea por mi enfermedad o por la pandemia en
soledad que me tocó vivir. De hecho, este año me enteré de
que hay un libro con ese nombre y que la autora se llama

igual que mi amiga. No existen las casualidades, sino que son causalidades.

Y tú, ¿en qué confías? ¿Tienes conductas de buena espera o eres desconfiada(o)? Ojalá no sea así, porque los seres desconfiados la pasan pésimo, siempre andan tensos y disfrutan muy poco la vida porque están a la defensiva.*

Ya tenemos dos habilidades más en nuestro trabajo diario y de conciencia, pero, para entrar a la próxima, quiero que te observes y descubras tus fuentes de confianza o desconfianza y veas entonces cómo está tu paciencia, ¿te parece? Esto también te pido que lo escribas para que trabajes en la mayor plenitud.

_____

_____

_____

_____

_____

_____

Calma

Ahora viene algo hermoso que me gustó mucho descubrir. Esta habilidad es el resultado de hacer todo lo que les he escrito de forma consciente y efectiva. Quiero invitarlos a ver que ésta se transforma en un objetivo. Hay palabras que sólo

* Para entender mejor este tema los invito a ver un video en YouTube que se llama "La vida es un hotel".

con pensarlas nos producen una sensación neuronal y física agradable, de bienestar. Ahora conoceremos una de ellas y, en el próximo capítulo, otra. La palabra a la que me refiero es *calma*. Dejen el libro a un lado, cierren los ojos, respiren profundo y digan o piensen en esta palabra. ¿Se dan cuenta de que hay un bienestar casi instantáneo?

Ésta es la habilidad por excelencia que hay que lograr todos los días, sin excepción, frente a todo lo que nos ocurre. Me hubiera encantado que este libro viniera con un cofre con papelitos dentro con cada una de las habilidades, y cuando perdiéramos la calma por alguna razón (porque nos va a pasar, y no pocas veces), pudiéramos ir a esa caja y preguntarnos qué estamos haciendo mal: alguna de las habilidades mencionadas, más las que faltan, no la debemos estar aplicando como corresponde; por ejemplo:

- No estás viendo la situación como una oportunidad.
- No te has puesto frente a ella en calidad de alumna o alumno.
- No has cambiado el miedo por la curiosidad.
- Te falta perder las urgencias y, por lo tanto, la aceptación.
- Estás intentando controlar algo que está fuera de tu control.
- Te falta flexibilidad en alguno de tus tres cuerpos.
- No estás conectada(o) con el presente (hay exceso de futuro o de pasado).
- Te falta confianza, y ello lleva a que no tengas paciencia.

Cualquiera de estos errores te puede hacer perder la calma y las habilidades que faltan por descubrir en este capítulo. Pero ¿no te parece hermoso que esté en nuestras manos poder volver a nuestro centro cuando el caos de afuera nos invade la vida? Piensa solamente en la intoxicación informativa, una enfermedad casi totalmente voluntaria y que pasa por nuestras decisiones de autocuidado, de nuestro cuerpo mental y emocional. Si sólo este punto ya nos saca de eje, imagínate todo lo demás que nos pasa en el día, que llega a nuestras casas y que depende de nuestra actitud cómo lo vamos a resolver.

Ahora te toca a ti. Piensa en qué te hace perder la calma y caer en el caos, y ve dentro de la lista que te escribí dónde fallas frecuentemente. Seguramente faltan algunos factores, pero no te preocupes, también faltan más habilidades que te ayudarán a tener más conciencia.

Quiero invitarte a que repitas las palabras *calma*, *suelta* y *confía* cada vez que sea necesario. Estas dos últimas las aprendí de una sabia mujer llamada Mabel Katz, y no saben cómo rearman mi cerebro a medida que las repito. Seguramente al principio no te las creas, pero no importa, repite como repetías las tablas de multiplicar cuando eras pequeña(o), sin entender bien lo que decías.

* * *

Hasta el año 2020 creía que las habilidades eran las hasta aquí enumeradas, más una que dejaré para el final. Sin embargo, este estudio no me ha dejado de sorprender, y a principios de 2021 ocurrió algo que despertó tres habilidades nuevas que me enseñaron mucho en mi vida personal. Antes de entrar en ellas, quiero contarles cómo salieron y se conformaron como necesarias para la vida actual.

Cuando terminaba el año 2020, lo único que escuchaba es que la gente hablaba de dos grandes temas. Por un lado, había un deseo enorme de que el año se acabara con todo tipo de calificaciones negativas, y todas las esperanzas de cambio y felicidad estaban puestas en el 2021. La otra sensación que me transmitían las personas era que habían comenzando odiando la pandemia, pero que a finales del año 2020 se habían dado cuenta de que tenían mucho que agradecerle, a pesar de lo cual había un deseo de "normalidad" que a mí me asustaba. Les explico por qué: primero, porque si nos habíamos dado cuenta de que esa normalidad de antes nos tenía desconectados, metidos en el consumo y lejos de la conciencia y de los afectos, para qué queríamos volver a algo que nos hacía mal, o volver de la misma forma, al menos. Otro aspecto que me hacía dudar era que si bien, según los budistas, hay sólo una causa de sufrimiento y éste es el apego, yo siempre hago una derivación y digo que también las expectativas generan mucho dolor, sobre todo si están puestas en cosas que no dependen de nuestro control, o dependen de otras personas o situaciones.

Yo veía tantas expectativas con respecto al año 2021 que me asustaba, pues según la información que manejaba, lo que estábamos viviendo no tenía para cuándo terminar. Sin embargo, como yo podía estar equivocada (y una parte de mí quería que así fuera), hice lo que sé hacer: preguntar. Escogí a treinta personas a las que prometí no revelar sus nombres, y que van desde astrólogos, científicos, médicos, políticos, empresarios hasta personas con oficios que me parecen admirables, y les pregunté qué pensaban que pasaría en 2021. Después de varias deducciones y reflexiones, ellos y ellas me mencionaron cuatro palabras que se repetían:

- Incertidumbre
- Transición
- Colaboración
- Gratitud

Al intentar reflexionar sobre cada una de ellas, la explicación fue la siguiente:

Incertidumbre. Las(os) treinta mencionaron que el año 2021 sería uno más incierto que el anterior porque se unirían más variables; ya no sólo sería la pandemia, sino que además estaría el tema de las vacunas, de los antivacunas, las nuevas cepas y el cambio climático, entre otros. Las crisis sociales y políticas de los países se agregarían al rompecabezas complicando más las cosas; muchos países tendrían elecciones y se confirmaba un proceso de migración importante. Aparecerían, además, los virus en los niños que estuvieron sanos por el confinamiento, más las enfermedades no evaluadas durante las cuarentenas y que se fueron agravando por falta de atención. Esto se agudizaba, según ellos y ellas, por un aumento de la inflación y una crisis de desempleo significativa en cada país. Creo que es fácil observar que todo lo dicho fue ocurriendo, y ahí me permití entender y elaborar una definición de un compañero de viaje: el miedo. ¿Y cuál es esa definición? El miedo es la no aceptación de la incertidumbre.

Cada vez que experimentamos miedo es porque hay algo incierto que no estamos aceptando.

Sigamos con la segunda palabra: *transición*. Esto indicaba que el año 2021 no era para grandes cosas, sino para cerrar lo empezado en 2020, comenzar aquello que no pudiste y, sobre todo, cumplir lo que te prometiste en confinamiento. El gran tema del año era sólo transitarlo, sin grandes objetivos.

Luego apareció la palabra *colaboración*, orientada hacia la ineficiencia del Estado como estructura para solucionar los problemas de la gente. Aquí no se habla de gobiernos, sino de la estructura estatal, que no se daría abasto (no creo que alguna vez lo haya hecho, por lo menos en los países latinoamericanos) con todos los temas que tendría que atender. Entonces, la solución era establecer redes de ayuda y colaboración a nivel ciudadano para contener todas las variables que nos tocarían vivir. Iban a tener mucha importancia las unidades vecinales, los sindicatos y toda fuerza social que estuviera de verdad al servicio de la gente y no disfrazando esto para activar pautas políticas.

Aquí surge lo que yo llamo el "triángulo del desempleo", que tiene tres palabras con las que, al hacerlas conscientes, podemos establecer cadenas de amor maravillosas: *dar, recibir* y *pedir*. *Dar*, porque hay que estar despiertos para ver quién necesita de tu ayuda; ahora puede haber pobreza dentro de casas lindas. *Recibir*, porque no es un aprendizaje fácil y esta vez te puede tocar a ti abrir los brazos no para dar, sino para aceptar la ayuda que quieran darte otros. La última, *pedir* ayuda cuando es necesario, creo que es la más difícil, porque es considerado de mal gusto y porque, a veces, no pocas personas no la reciben bien. A estos tres actos de este triángulo se cruzan el miedo y cientos de mandatos limitantes que nos impiden hacer algo humano.

La última hermosa palabra que hace bien al alma solamente pensarla es *gratitud*. Aquí es importante decir que volveremos varias veces sobre ella porque es la primera que apareció en mi investigación, dicha en ese momento por un español, quien me aseguró que las personas que saldrían fortalecidas de esta pausa serían las que desarrollaran un profundo sentido de gratitud. Obviamente, esto va más allá del acto de dar las gracias como un gesto de buena educación, sino que es una actitud de profunda reverencia ante la vida para agradecerlo todo: lo bueno, porque es una bendición; y lo malo, porque algo estás aprendiendo de aquello. Lo que tienes y lo que no tienes. Se relaciona con una gratitud frente a la existencia y que, como expliqué en el primer capítulo, es la puerta de entrada a las vibraciones altas del ser humano.

Cuando ingresamos en el año 2021 y nada parecía cambiar, empecé a entender la sabiduría de estas cuatro palabras que te regalo para que reflexiones cuál de todas ellas (o, a lo mejor, todas) te hacen o te hicieron sentido durante el caminar de este último tiempo.

En mi investigación, las palabras *caos* y *desorden* también aparecieron, por lo que parecía inevitable necesitar de un orden interno lo más estable posible. Ya estábamos en el año 2021 y todo lo dicho se cumplía casi como un oráculo; si bien eran de gran ayuda las habilidades mencionadas, no parecían ser suficientes, pues les faltaban planificación y una estructura para trabajarlas. Fue ahí donde aparecieron tres habilidades más, y se reforzó una ya dicha que organizó y le dio metodología a todo lo aprendido.

Orden

La primera palabra que aparece en esta etapa (que vendría siendo la séptima habilidad), y que hoy se ha transformado en un baluarte de salud mental, es la palabra *orden*. Esta palabra en nuestro inconsciente puede tener mala fama, pero es esencial desarrollarla tanto en un sentido externo como interno. Veamos el externo primero: hoy es fundamental, por ejemplo, que puedas lavar los platos de la cocina por la noche, no por simple manía, sino por la higiene mental de levantarse por la mañana y ver tu cocina limpia. Lo mismo pasa si estás en teletrabajo: al final del día debieras dejar ese espacio ordenado (como si nada hubiera pasado) para que al iniciar tu jornada ver esa limpieza te ayude a equilibrar tus tres cuerpos para empezar a trabajar adecuadamente. Esto que les digo ha llevado a un resurgimiento de lo que yo llamo los "hábitos madrugadores", como hacer la cama, lo que plantea William H. McRaven en su libro *Tiende tu cama*, o el libro *El club de las 5 de la mañana*, de Robin Sharman. Todos estos hábitos pretenden que te cumplas a ti primero al iniciar y conectar con el mundo, y eso ya determina un orden interno maravilloso para trabajar cada una de las habilidades mencionadas. De hecho, esta habilidad permitiría, como consecuencia virtuosa, dar mejor calidad de vida a los que amas, porque ya te la diste a ti al inicio del día.

Si bien la gran mayoría de las personas no puede levantarse a las cinco de la mañana a meditar, hacer ejercicio o a planificar su día en tiempos de veinte minutos, sí es cierto que cada una(o) puede elegir cómo rezar, meditar, ejercitarse y planificar su día antes de agarrar el celular o prender la televisión para partir el día con una intoxicación voluntaria. Les cuento cómo yo adapté esto a mi vida: lo primero que hago al despertar, aunque no me la crea en algunas oportunidades, es agradecer tres veces antes de salir de la cama. Si es que no tengo nada que hacer muy temprano, me despierto a las seis de la mañana, rezo y medito un rato; tengo unas cartas de Osho que me ayudan a dirigir mi trabajo espiritual. Siempre digo que mi primera conexión del día es con Dios o la espiritualidad, después con mis pensamientos, donde me digo tres frases que sean positivas, amorosas y optimistas hacia mí y hacia mi día; luego, si puedo, hago ejercicio, y después de esto tomo mi celular y me conecto con los humanos. Tengo que reconocer que veo cada vez menos televisión, sobre todo los programas de contingencia, que me afectan más de lo que quisiera y por autocuidado decidí no verlos.

Ahora te toca a ti. Analiza y anota en qué sí y en qué no mantienes un orden, tanto externo como interno, y cuáles son tus ritos madrugadores que te ayudan (o no) a empezar el día. Si no tienes ningún rito madrugador en pro de esta habilidad, te recomiendo desarrollarlo como tú consideres que te hace sentido. Puedes caminar en el césped, mirar por la ventana, regar tus plantas, etcétera. Todo antes de tomar tu celular o prender la televisión.

_____

_____

_____

_____

_____

_____

_____

_____

Disciplina

Desde el orden se desprende la próxima habilidad, que tiene mala fama en el inconsciente colectivo, sobre todo en los países que hemos transitado por dictaduras: la necesaria disciplina. Sé que a muchos y muchas de ustedes esto les suena a subordinación y autoritarismo, pero quiero invitarlos a cambiar esta creencia para verla como un camino hacia la verdadera libertad.

Nadie logra nada en la vida si no tiene disciplina, y para conseguir tus sueños, incluso para los que plantean que la existencia es sólo fluir, también requieres de una metodología. Cuando me cumplo a mí misma(o) es la satisfacción mayor para mi mundo interno; sin embargo, tenemos mayor facilidad para ser disciplinados con lo externo que con nosotros mismos. También nos pasa que no sabemos planificar, y esto arruina nuestros hábitos de disciplina, o necesitamos refuerzo externo para mantenerla. Este tema podría dar para un capítulo completo, pero lo seguiremos profundizando en el próximo.

Fuerza de voluntad

Por otro lado, la disciplina requiere de otra habilidad que la incluye: la fuerza de voluntad, de la cual hemos hablado hasta el cansancio en otros libros y que sólo mencionaré aquí como un músculo que se entrena con metas cortas para lograr nuestros sueños y objetivos.

Lentitud

Cuando hablamos de la conexión con el presente nos referimos a esta habilidad que ha ido tomando fuerza para lograr el aumento de conciencia, la plenitud en la vida y tener las pausas necesarias para tomar buenas decisiones. Como dije, esto es lo menos capitalista que hay, porque ese sistema necesita rapidez para hacer crecer el consumo. La lentitud aumenta la conciencia, obliga a una pausa, conecta con el presente y me permite ser reflexiva(o) respecto de mis elecciones.

Te voy a dar una tarea: durante una semana sé consciente de tu lentitud y observa qué te pasa. Podrías anotar aquellas sensaciones que te produce desde hablar hasta comer más lento, y ver cómo cambia tu respiración y tus acciones. Yo te puedo contar que es algo que vengo aplicando desde que la descubrí como habilidad necesaria, y es maravilloso lo que ocurre. Uno se equivoca menos, es más eficiente y, sobre todo, cuesta más que te salgas del presente y hace más fácil que puedas disfrutar de los regalos de la vida, porque los ves. Si vas rápido no ves nada o no te sorprendes, pues no alcanzas a reparar en ello.

Te deseo suerte con esta práctica. Como me decía una amiga monja budista: "Nunca hemos visto correr a un lama". En la lentitud hay más posibilidades de iluminación y de desarrollar elementos amorosos y sin juicios frente al mundo.

Gratitud

Y llegamos a la habilidad que envuelve a todas las demás. Es, a mi juicio, la fuente absoluta de paz y de todo lo bueno en el mundo; el punto de partida del amor propio y del amor hacia los otros. Esta habilidad es la gratitud. Ya he hablado mucho de ella y vamos a seguir haciéndolo en el resto del libro, pero quiero que tomes conciencia de lo que significa estar constantemente en actitud de gratitud frente a todo lo que se nos ofrece, desde que despiertas hasta que te duermes. Hay cientos de problemas en el día, pero hay millones de regalos para ti que ni siquiera ves.* Cada noche, antes de dormir, haz una lista de todo lo que agradeces del día vivido. El agua, la luz, la cama, el afecto, una sonrisa, etcétera. No busques cosas especiales, céntrate en lo simple y verás lo agradecida(o) que despertarás en la mañana.

Seguramente estarán agotadas(os) con todo lo que hay que trabajar diariamente para estar conscientes y mantener nuestro amor propio a pesar del caos exterior, pero quiero contarles que la vida nos ayuda, porque con el proceso de la

---

* Te pido que busques en YouTube "Historia y moraleja de un hombre ciego" para entender mejor lo que digo (y te pediré a ti lo mismo que le pedí a él hace muchos años).

pandemia hay ciertos paradigmas que han cambiado y que nos pueden permitir transitar más fácil de la mano de las habilidades mencionadas en este capítulo.

En el próximo capítulo revisaremos cada uno de estos paradigmas, y en el curso de todo el libro los iremos aplicando a nuestra vida cotidiana para acercarnos a amar a los otros sin miedos, sin carencias y transitando con todo lo que la vida tenga para regalarnos.

NO OLVIDES:

- Sé alumna(o) frente al proceso que vives.
- Cambia el miedo por la curiosidad.
- Suelta y confía.
- Lo único constante es el cambio.
- Lo único permanente es la impermanencia.
- Aprende a estar conectada(o) con el presente.
- A mayor rigidez, mayor enfermedad; y a mayor flexibilidad, mayor salud.

Capítulo tres

Paradigmas que cambian para ayudarnos
a trabajar las habilidades

En este capítulo vamos a ver definiciones que se están moviendo en el mundo y que, ojalá, entren a nuestra cabeza para ayudarnos a transitar con conciencia y sin grandes dificultades por cada una de las habilidades que revisamos en el capítulo anterior.

A mí me encantaría que estos cambios de conciencia ocurrieran en todo el mundo, pero, clara y tristemente, eso no es así. En el curso de la pandemia seguramente muchos y muchas de ustedes pensaron —y me incluyo— que ésta cambiaría a la humanidad, que nos íbamos a transformar en seres más conscientes, nobles, empáticos y generosos. Sin embargo, lo que hoy se observa en el humor de la gente y en los problemas sociales no parece ser precisamente eso, aunque hay luces de esperanza hacia un cambio de conciencia universal que, es probable, yo no alcanzaré a ver completamente, pero a lo mejor mis hijos en su adultez y mis nietos (si es que llegan) sí.

Como una forma de ordenarlas en mis estudios de campo, dividiré a las personas en tres tercios para describir estos cambios. Hay un tercio que no necesitaba la pandemia. Ese tercio ya vibraba alto, o por lo menos lo intentaba de forma consciente. Ellas(os) consumen poco y cuidan el medio ambiente, les encanta estar en casa y no son de grandes multitudes. Para este tercio la pandemia vino a reforzar su estilo de vida, incluso pueden haber salido de ciudades grandes para irse a lugares con más naturaleza. Es impresionante ver cómo en grandes ciudades muchas personas se han ido a pueblos cercanos o al campo para vivir de una forma más sencilla.

Por otro lado, hay un tercio que nunca entiende nada. Aquí no estoy emitiendo un juicio, pues este tercio ha sufrido falta de amor en sus bases del desarrollo y nunca, debido a la falta de igualdad y equidad del sistema social, aprendieron otras formas de vibración que no sean las más bajas, como la rabia, el miedo, la culpa y la vergüenza. En este tercio están los enojados, los que inventan conspiraciones y a los que les cuesta más ser solidarios o tener conciencia del otro. Cuando veamos cómo llegar al otro en los próximos capítulos, este grupo será muy importante en nuestro trabajo consciente.

Pero hay otro tercio, que a mí como psicóloga me apasiona, y es el que está movilizado por todo lo que está pasando. Este tercio se atrevió a hacer el viaje del silencio y se está respondiendo las preguntas que surgen cuando uno entra en sí mismo. Se están cuestionando si son o no felices, si viven o quieren envejecer como lo están haciendo, y están vendiendo lo poco o mucho que tienen para vivir sin deudas y así caminar más ligeros de equipaje. Además, ellas(os) cambiaron, filtraron y seleccionaron sus vínculos, y están trabajando con aciertos y desaciertos, pero avanzando hacia el amor propio.

Este tercio tomó conciencia del otro(a) y está en pleno trabajo de conexión con quienes de verdad le hacen bien. Trabajan de forma consciente la fragilidad de la vida o conciencia de muerte, y están alertas y despiertas(os) frente a la gratitud. Ésta es la gente por la que he trabajado toda mi vida, pero especialmente durante el tiempo de la pandemia, porque es un tercio activo e inquieto, y son los primeros en mostrarse deseosos de practicar las habilidades y escuchar el silencio que sus almas necesitan.

En realidad, probablemente este tercio es el que está leyendo este libro y, tal vez, también el primero. Me haría muy feliz y estaría muy agradecida si alguien del tercio del medio se sintiera seducido e incitado a moverse de ahí y vibrar más alto para salir de ese estancamiento y dolor en el que vive.

Ahora te toca a ti. Reflexiona y anota con qué tercio te sientes identificado y a qué cambios te ha invitado esta pausa, como la definimos anteriormente. Quiero que lo pienses bien y puedas anotar aunque sea pequeños detalles de transformación que, a lo mejor, han llevado a que te muevas de un tercio a otro durante este proceso.

_____

_____

_____

_____

_____

_____

_____

_____

Habiendo completado tu trabajo, entonces empezamos a mover nuestra cabeza, corazón y alma en los nuevos paradigmas o definiciones a los que estamos invitados a mirar, y ver cuáles nos hacen o no sentido. Quizá no lo harán ahora, pero pasado un tiempo nos iremos encontrando con cada uno de ellos irremediablemente.

Cambio en el concepto de control

Tal vez éste es el más fácil de observar y el que ha sido más vivenciado por todos durante este tiempo. Les pido que retrocedamos a fines de 2019, sobre todo en los meses de más agitación, noviembre y diciembre. Aquí tengo que hacer una mención aparte a mi país, Chile, porque nosotros empezamos a experimentar estos cambios desde octubre de ese año, con el estallido social, que produjo transformaciones estructurales dentro de nuestra realidad cotidiana. Saltando esta variable contingente, en esos momentos nos sentíamos dueños del tiempo, podíamos planificar y proyectar nuestra vida casi sin problemas. Incluso, y suena para la risa, yo tenía planificado un viaje para un año más y a nadie parecía asombrarle.

Quiero aclarar que esta idea de ser dueños del tiempo siempre fue falsa, nunca en la vida hemos tenido certeza de nada. Ni de que vamos a despertar al día siguiente, ni de que volveremos a ver a nuestros seres queridos después de despedirnos de ellos. El ser humano necesita tener cierto grado de planificación que le haga sentir que la vida es predecible, pero eso no es posible. La gente que tiene claro eso,

general y lamentablemente, son personas que hemos vivido situaciones límite que nos han permitido desarrollar lo
que yo llamo "conciencia de muerte" y que, al tenerla, nos
permite disfrutar de la vida. En el ámbito latinoamericano,
uno de los países que más ha desarrollado esta conciencia
es Colombia. Esto lo aprendieron con la guerrilla, las FARC
y con Pablo Escobar. Y esto también hace que nadie salga de
su casa, sobre todo la generación que lo vivió, sin despedirse, sin pedir bendición y sin desear un feliz día, como dicen
ellos tan sabiamente.

Entonces, ¿qué nos pasó? ¿Qué nos cambió esta sensación de lo predecible o de certidumbre que, insisto, siempre
fue falsa? Quizás, antes de pensar en la respuesta, sería bueno que te preguntaras cómo has vivido ese cambio y si en tu
vida tienes o no conciencia de muerte.

Lo que ocurrió es que frente a las puertas de nuestras
casas, consciente o inconscientemente, se acercaron dos palabras de las cuales nunca o muy pocas veces se habla: *soledad* y *muerte*. Basta recordar cómo, en casi todas nuestras
familias, si alguien expresa lo que desea que ocurra cuando
muera, la mayoría de las veces la familia "salta" para regañar
a esa persona, haciéndole sentir que de eso no se habla y fin-
giendo que no se va a morir nunca.

Quiero que escribas cómo sientes estas dos palabras y
cómo tocaron tu puerta, no sólo a raíz de la pandemia, sino
que durante tu vida.

_____

_____

_____

———————————————————————————

———————————————————————————

———————————————————————————

———————————————————————————

Ahora, cuando tocan a tu puerta, ocurre algo en forma automática: la incertidumbre se hace consciente, como siempre debiera ser, pero en ese momento se hace carne, se siente en el cuerpo. Cuando esto pasa, la sensación de vértigo viene acompañada por una emoción que, si bien es protectora, no es agradable de sentir: el miedo. Ya habíamos definido anteriormente qué es el miedo —la no aceptación de la incertidumbre—, lo cual, en la mirada actual, adquiere aún más sentido. Esto produce que el control se desvanezca frente a nuestros ojos y, junto con ello, lleva a que desaparezcan tres palabras que, ojalá, nunca más uses en tu vida de aquí en adelante: *controlar, manejar* y *enfrentar*. ¿Se acuerdan de que cuando hablamos de las habilidades, les dije que la palabra *calma* evocaba tranquilidad, incluso corporal, solamente con pensarla? Bueno, ahora les voy a regalar otra que reemplaza a estas tres, y que produce el mismo efecto neuronal, físico y emocional. Esa palabra que funde las tres es *transitar*.

Durante el curso de este libro la han leído muchas veces, y seguirá apareciendo. Por eso, cuando me preguntan: "¿Cómo manejo mi ansiedad, Pilar?", "¿Cómo enfrento a mis hijos con este tema?" o cosas similares, yo digo: "Calma ahora se dice y se siente distinto, es '¿cómo *transito* por mi ansiedad y cómo *transito* por este problema con mis hijos?'".

Quiero que hagan el ejercicio de cerrar los ojos y repetir en voz alta ambas opciones: primero digan: "Voy a controlar, manejar o enfrentar... (lo primero que se les ocurra)", y después de respirar muy profundo varias veces, se pregunten cómo van a *transitar* por esas mismas situaciones. Si la conexión con tu cuerpo es buena, lo deberías sentir muy distinto y espero que esto te estimule a cambiar estas tres palabras para fundirlas en una sola que te ayudará más de lo que tú piensas, porque te conecta con el paso a paso, con un día a la vez y con el clásico "sólo por hoy".

Éste es el primer regalo que nos trae el desvanecimiento del control, si es que lo quieres aceptar, pero, además, te entrega dos más que podrás usar o no, pero que están ahí como energía disponible, al igual que todos los contenidos de este libro.

Estos dos regalos son que, por un lado, te guste o no te guste, lo sepas hacer o no, lo practiques o no, esta experiencia de la pandemia nos ha obligado a vivir en el presente, nos ancla ante la dificultad de no poder predecirlo todo y no poder planificar en demasía, entregándonos conciencia para entender que el presente es un regalo que se entrega en el ahora y que nada más existe. Aquí se entiende por qué este regalo forma parte de las habilidades que mencioné en el capítulo anterior.

El otro regalo que me parece fascinante es que al desvanecerse el control externo, vuelve a ti y vuelve a mí. Ése es un poder tremendo, porque nos permite entender que tenemos algo que podemos controlar, y no sólo eso, sino que además tenemos la obligación de hacerlo respecto de nuestra actitud frente a lo vivido.

¿Se dan cuenta de cómo, maravillosamente, desde la introducción hasta ahora, todo tiene sentido y forma parte de una unidad? Y en este estudio, además, soy la primera alumna.

Entonces, si lo único que puedo controlar es mi actitud o, como yo decía, "el cuento que me cuento", mi nivel de satisfacción con la vida no depende de ella externamente, sino que depende de mi forma de mirarla y de interpretarla de acuerdo con las creencias, educación y todo aquello que debo revisar para vivir en paz y armonía interior, independientemente del caos externo.

Ahora te toca a ti. ¿Cuántas veces eres consciente de decir o pensar en esas tres palabras que mencioné, y cómo te hace sentir la palabra *transitar*? ¿Sientes que puedes hoy vivir sin planificar tanto y más centrada(o) en el presente que antes de la pandemia? ¿Has tomado esto como un regalo? ¿Lograste, después de lo leído y trabajado, cambiar el miedo por curiosidad? ¿De verdad sientes como un regalo y un trabajo que tu vida y cómo la vivas dependa sólo de tu actitud y de la forma de mirarla? Vuelvo a invitarte a escribir las respuestas para que queden selladas en tu interior.

_____

_____

_____

_____

_____

_____

_____

Si te fijas, este cambio de concepto permite entender otra de las habilidades, que tiene que ver con la habilidad madre: la aceptación. Por eso digo que todo tiene sentido y nos prepara, poco a poco y con conciencia, para salir de nosotros y entrar a dar amor al otro sin necesitar y sin apego.

Cambio en la definición de libertad

Este cambio de paradigma me encantó, sobre todo por la reacción que tuvo y la risa que le provocó a un grupo de adolescentes. Les cuento: hasta el año 2019, y hasta el día de hoy, la gran mayoría de la población ha definido la libertad como "hacer lo que yo quiero". En realidad, soy libre en la medida en que hago lo que tengo ganas de hacer, y cualquier sistema o persona que me prive de eso restringe algo que me parece un derecho humano. Gran parte de las manifestaciones en el mundo frente a las restricciones por el covid-19 tienen ese fundamento y esa definición en el fondo del discurso. Entonces, ¿qué pasó, que ni siquiera eso podíamos controlar? Lo que pasó, mirado desde la confianza (teorías conspirativas hay de sobra y no representan mi mirada ni el enfoque de este estudio), es que, llegando la pandemia, no podíamos —con razón o no— hacer lo que queríamos. De esta forma, entraba en crisis el concepto de libertad, porque había gente que se sentía libre en veinte metros cuadrados y presa en cuatrocientos.

Al revisar el concepto sin prejuicios y tampoco politizándolo, llegamos a la conclusión de que si tenemos un desastre en el mundo es justamente por la aplicación de dicha definición. Tenemosun desastre medioambiental porque, en pos de una definición de progreso muy cuestionable, hemos hecho lo que hemos querido con el planeta. En salud, también por ciertos criterios comerciales, tenemos a la mitad de la población obesa, con sobrepeso o con trastornos alimentarios porque hemos comido lo que hemos querido (y la otra mitad, para colmo, está mal nutrida), alterando a voluntad los ritmos de crecimiento y producción de la alimentación.

Entonces, ¿cómo algo tan sano y hasta romántico como la libertad, que todos deseamos sentir, nos ha provocado tanto daño? ¿Será que hay que cuestionar la definición desde el confinamiento, tal vez como se le cuestionó en otras situaciones extremas como guerras, secuestros, etcétera?

Yo me lo cuestioné y empecé a darme cuenta de que la libertad no es hacerlo que yo quiero, sino que es un estado de conciencia. Esta definición puede ser difícil de entender, pero voy a intentar explicarla lo más amigablemente posible. Cuanto más consciente soy de cada decisión que tomo, más libre soy. Eso es. Ahora, para eso, necesito dos requisitos vistos en las habilidades del capítulo anterior: conexión con el presente y la lentitud, tan nombrada en este libro. Cuanto más lento hago todo más en el presente estoy, y cuanto más en el presente estoy, mejor elijo, y cuantas más pensadas sean mis elecciones, más libre me voy a sentir.

Aquí vuelvo a recalcar algo que he dicho muchas veces y que tiene que ver con que todo el día estamos eligiendo, aunque no nos demos cuenta, y lo hacemos porque conocemos a la perfección las consecuencias de no hacerlo. Es por eso que no puede haber libertad sin responsabilidad, y eso implica conciencia de lo externo y de lo interno para decidir. Esto lo vamos a desarrollar más adelante, cuando salgamos de nuestras almas para entrar en el alma de los otros. Entonces, soy libre en la medida en que soy consciente de mí, de mi mundo interno, de mi amor propio y de mis decisiones.

Cuando empecé con este paradigma les dije que había disfrutado mucho con la reacción de los adolescentes que escucharon esta nueva definición. De hecho, un grupo adorable de chicos y chicas me terminó diciendo que les había arruinado la adolescencia, porque en ella esperaban hacer lo que querían y ahora yo les decía que no se trataba de eso. Yo les expliqué que los adultos no siempre hacíamos lo que queríamos, que eso era un mito y que podíamos hacer lo que queríamos cuando éramos disciplinados y teníamos o descubríamos nuestro propósito en la vida. Con esto, a los pobres se les complicó más el camino, pero cuando les expliqué que había otros cambios de paradigmas que se los haría más fácil, se quedaron más tranquilos.

Cuando trabajaba en este estudio, cada vez me emocionaba más darme cuenta de lo poco o nada que debía importar lo que pase fuera de nosotros, y que todo termina estando determinado por lo que nos pasa dentro y, sobre todo, por conectarnos con nuestra espiritualidad y dejar poco a poco de escuchar nuestra mente.

Ahora te toca a ti. ¿Te sientes libre? ¿Eres consciente de tus decisiones? ¿Te das una pausa para decidir lentamente y con calma? ¿Te gustaría cambiar tu definición de libertad para tener esta elevación del concepto de conciencia? Estas preguntas no son fáciles de responder y puede que te tome tiempo llevarlas a tu corazón; mi única forma de acompañarte un poco es que utilices, frente a cada decisión, la pausa para pensar en qué de verdad, y no por impulso, quieres hacer.

Les voy a contar una experiencia personal que ilustra muy claramente lo que les contaba. Hace pocos meses fui a un retiro a Costa Rica, donde iba como alumna. El hotel donde estábamos las veinte mujeres que participábamos era hermoso y estaba sobre unas piedras enormes de cuarzos y minerales. Este hotel emanaba una energía increíble y tenía una tienda, no muy grande, donde obviamente vendían de todo con piedras preciosas del lugar: anillos, aretes, piedras en bruto como cuarzos, jades, amatistas, etcétera. Está de más decir que amo las piedras y me encanta lo que refleje armonía con toques de decoración. Así, después de un ejercicio, entré un día a la tienda con una amiga y la verdad es que me gustó todo. Todo me emocionaba, era hermoso, cuidado y variado. Mi amiga empezó a comprar cosas para ella y sus hijas, y yo, que estaba excitadísima eligiendo, dije en mi cabeza: "Llevas meses trabajando por tu enfermedad, ahora llegó el momento de probar la lentitud, tómate una pausa". Le dije a mi amiga que me iba a la habitación y así lo hice. Por supuesto, cuando llegué ahí y me pregunté qué, de todo eso bello, necesitaba, la respuesta fue "nada", y no volví más a la tienda.

Algunos de ustedes pueden estar pensando que es rico comprar cosas lindas no por necesidad, sino sólo por su belleza, y tienen razón, pero mis prioridades económicas de este momento están en pagar mis deudas y en mi cambio de casa, y comprar en esa tienda me iba a generar un peso posterior en mi tarjeta de crédito que no tenía ganas de cargar.

Creo que fue la última vez en la que conscientemente me sentí en un estado de libertad profunda. Sentí que me estaba cumpliendo a mí misma, que era libre para decidir y que había logrado vencer la tentación del consumo en pos de mi paz interior. Es importante mencionar que el elemento clave de todo este ejercicio fue la pausa y la lentitud, pues sin ellas no hubiera podido hacerlo.

Este ejemplo muestra, humildemente, la esencia del ejercicio de la libertad con responsabilidad, donde el fruto es la paz, la práctica del amor propio y un estado de conciencia diferente. Yo sé que esto es anticapitalismo y anti todo lo que el mundo dice que hay que hacer para que un país crezca y se "desarrolle". Por eso, te pregunto: ¿eres capaz de aplicar este concepto de libertad y de enseñárselo a tus hijos e hijas? ¿Podrías, en pos de tus objetivos de vida, ejercerlo como un estado y no como un capricho disfrazado de premio?

El paradigma que viene ahora nos permitirá, desde nosotros mismos y desde nuestro autoconocimiento, poder estar más conectadas(os) para ejercer nuestra conciencia y libertad sin controlar, sino sólo transitar por lo que nos pasa.

El paradigma de la fortaleza

Este mandato judeocristiano no se ha evaluado lo necesario, pero de alguna manera ha hecho crisis durante todo este proceso. Seguramente este paradigma debe ser, de todos los que voy a abordar, el más conocido por ti, sobre todo si has leído mis libros o me has escuchado en alguna parte, pues lo repito como disco rayado por la impotencia que me genera y el daño que hace.

  ¿Qué es en realidad ser fuerte en la vida? La fortaleza parece ser un anhelo educativo y algo que todos debiéramos lograr para resistir otro paradigma, que es que la vida es un valle de lágrimas y que lo bueno dura poco. Todo esto nos hace educarnos en la desconfianza y no trabajar el merecimiento y el soltar, sino que el aguantar para que nadie nunca note que estamos mal o transitando un momento delicado. Son demasiadas las frases que se me vienen a la cabeza y que se te deben venir a ti cuando se habla de este tema. Desde el "no llores", "no te pueden ver así", hasta la simple frase "tienes que ser fuerte", todas las que van liquidando nuestra vida emocional desde antes del primer año de vida.

  ¿Se han preguntado qué significa ser fuerte en la naturaleza? Una palmera, por ejemplo, ¿cuándo es fuerte? ¿Cuando se rigidiza y no se mueve con los huracanes, o cuando es flexible y resiste el agua y el viento en pleno movimiento, sin quebrarse ni salirse de la tierra? No les voy a dar la respuesta porque es obvia y ya la saben, y ésta es una forma de entender cómo la cultura particularmente religiosa nos enseñó a controlar y frenar lo que sentíamos, haciendo que entendiéramos ser fuerte como "el arte de aguantar todo". Esto, sin duda, nos hace centrar nuestra salud en la enfermedad y no en el bienestar, y nuestra vida emocional en la contención, lo que nos lleva permanentemente a ser una bomba de tiempo. Nos han dañado demasiado a hombres, mujeres y niñas(os) con esta definición, y por eso me genera mucha impotencia ver o escuchar gente secándose los ojos al llorar, pidiendo disculpas o, lo que es peor, llorando con angustia encerrados y solos.

Al cambiar este paradigma que da la base a la habilidad de la flexibilidad, hay que cambiar también la definición: la fortaleza es el coraje de expresar todo lo que me pasa. Es ahí donde está nuestra flexibilidad, vulnerabilidad y humanidad. Nuestra gran riqueza está en sentir que, por lo demás, es la única forma de estar bien de verdad. El movernos por nuestros pensamientos para cambiarlos por unos más sanos y transitar por lo que sentimos nos hará sentirnos mejor y caminar por las tormentas de la vida con paz y una liviandad interior que no se puede lograr de otra manera. Piensen que el cuerpo habla lo que la boca calla, y si nos aguantamos no sólo nos enfermamos más rápido, sino que además lo hacemos de cosas más graves. Sin ser demasiado suspicaces, es fácil deducir cómo a nuestro sistema médico y económico le conviene que no movamos estas definiciones y, por lo tanto, se hace lo posible para no cambiarlas.

Estamos llenos de medicamentos que, más que ayudarnos a sentir de forma adecuada, nos dejan sin sentir la vida y, lo que es peor, empezamos a creer que ése es un estado de bienestar porque nada duele. Parece ser bueno no sentir tristeza, miedo, rabia y no demasiada alegría, como muertos en vida, para ser funcionales a un sistema que nos enseña desde pequeñas(os) a ser "parejitos" y estables, palabras que no me gustan nada. La vida es inestable por naturaleza y la gracia está en aprender a disfrutarla y caminar por ella. Como decía antes, lo único permanente es la impermanencia, y lo único estable es lo inestable.

Ahora te toca a ti. ¿Cómo y desde qué lugar te toca este paradigma? ¿Cuál de las definiciones de fortaleza te llega más, con toda honestidad? ¿Cómo te llevas con la expresión de emociones?

Te quiero pedir que por una semana (y por el resto de tu vida, si quieres) anotes u observes qué te dio rabia, miedo, tristeza y alegría, y veas si te aguantaste estas emociones o si fuiste capaz de expresarlas delante de cualquiera, sin importar la evaluación externa. Si lo hiciste, te felicito: has cambiado el paradigma y, seguramente, aunque moleste o genere roce, ayudaste a cambiar el paradigma de otros.

El paradigma del liderazgo

Si ya hemos cambiado el concepto de fortaleza, entonces se entenderá de forma fácil el presente cambio de definición. El liderazgo tiene muchas acepciones, pero para que nos quede simple y claro, podríamos definirlo así: liderazgo es hacer que otros hagan, me sigan o se vean seducidos por mí en mi actuar.

Lo que movilizó este concepto durante la pandemia, y un poco antes, fue preguntarse desde qué lugar se produce ese efecto. Algunos dirán, sin equivocarse, que desde el atractivo físico o la capacidad intelectual. Otros más abstractos afirmarán que es desde la energía o lo que llamamos "carisma", "ángel", etcétera. Yo creo que todos tienen algo de razón, pero lo que queda claro hoy es que quizá lo que menos importa es lo que ese líder sabe en términos de conocimientos puros o abstractos. Parece ser —aunque todavía hay países donde sigue importando y mucho— que es menos relevante dónde y qué estudiaste, que lo que has hecho con ello.

Al revisar este concepto con muchos líderes varones y mujeres, llegamos a la conclusión de que las características emocionales de esa persona parecen determinantes en su actuar y en su capacidad de ejercitar ese liderazgo. Y entre estos rasgos —y por eso está unido al paradigma anterior— es central su honestidad emocional. Esto tiene que ver con otra característica importante en estos tiempos y que es la autenticidad, es decir, la congruencia entre lo que se piensa, se siente y se hace.

Cada vez con mayor exigencia, se requieren seres congruentes, integrales e íntegros y, de acuerdo con eso, serán evaluados. No es necesario entender el liderazgo dentro de organizaciones laborales; todos, aunque no queramos o no tengamos conciencia, somos líderes y estamos llamados a liderar en cualquier labor que realizamos, por pequeña que parezca. Una mamá o un papá son líderes natos y necesitan las mismas características que el gerente general de una organización. Este cambio de mirada desde lo intelectual y curricular hacia lo emocional y experiencial lo volveremos a ver más adelante, en el viaje de salida de nosotros mismos hacia los otros.

Ahora quiero que revises y, por supuesto, anotes, qué características te hacen líder y cuáles te faltan por desarrollar. Ten cuidado, por ejemplo, como le pasó a mucha gente, al mencionar el "don de mando". Eso no es necesario si entiendes que lo que hay que hacer es convencer y no mandar, así que tómate tu tiempo para evaluar cómo está tu honestidad emocional para producir ese acto de seducción que se necesita para generar equipo dondequiera que te encuentres.

_____

_____

_____

_____

_____

_____

_____

_____

Alguien a quien yo quise mucho decía siempre que un buen líder es el capaz de saber quién sabe. Para esto la personalidad, el saber escuchar y la empatía son claves, pero, sobre todo, la conciencia y el estar despiertos frente a nosotras(os) mismas(os) y al mundo.

La dimensión del tiempo

Este paradigma fue curioso estudiarlo porque partió desde una impresión y después mucha gente me lo validó. ¿Les sucede tener la sensación de que el tiempo pasa cada vez más rápido, pero, al mismo tiempo, que se hace eterno? Ésa era mi sensación, pero yo pensaba que se producía por un tema de edad. Es decir, a más edad, mayor percepción de esta contradicción.

Entonces decidí preguntarle a los *millennials*, generación a la cual pertenecen mi hijo y mi hija, para ver si les pasaba lo mismo. Grande fue mi sorpresa cuando descubrí que no sólo sentían lo mismo, sino que además venía acompañado de mucha angustia.

La Tierra está girando más rápido. Cuando un científico me dijo esto, me reí mucho y le pregunté si íbamos a salir expulsados del planeta algún día por la velocidad, porque, si era así, quería elegir irme a Venus —que es mi planeta por signo zodiacal— y no a Marte, que me parece más hostil. Obvio que mi pregunta es una ficción pueril, pero me pareció curioso pensar que gira más rápido la casa donde vivimos. Y, aunque suene loco, sí puedo afirmar que la sensación emocional es ésa, que "el tiempo no alcanza"; ésta es una frase cada vez más escuchada y, si lo anterior es cierto, tendría cierta base, ¿no?

¿Por qué este tema es tan importante? Porque esta impresión, más la educación, que nunca nos enseñó a estar en el presente, no ayudan a evitar el exceso de futuro y el exceso de pasado, que es fundamental si queremos aprovechar la vida y conectarnos con el regalo de estar vivos, conscientes y despiertos. Parece que tenemos que asumir que, así como no controlamos nada, sólo nuestra actitud, el tiempo debe ser coordinado de acuerdo con decisiones conscientes y tomadas lentamente si no nos queremos equivocar y ser más eficientes.

Más allá de la velocidad a la que gira nuestro planeta, hay una percepción del tiempo distinta: los años se pasan volando y esta pandemia se nos ha hecho eterna. Es por todos conocido que la espera es larga, que los momentos dolorosos se demoran más en pasar, y que los que definimos como alegres o muy esperados se hacen cortos. ¿Se dan cuenta del poder de nuestros pensamientos, que hasta el manejo del tiempo parece depender de nuestra actitud, impaciencia y confianza en el flujo de la vida, en el cual, aunque tratemos, no podemos intervenir y, si lo hacemos, siempre sale mal? Ir hacia delante es algo para lo cual nos entrenan desde pequeños, pareciendo que la felicidad estará en lo próximo que hagamos y no en lo que estamos viviendo ahora. ¿Recuerdan la clásica pregunta que hacíamos de niños en los viajes? "¿Cuánto falta?". No tenemos la capacidad de disfrutar y aprender del proceso cuando el camino es molesto o doloroso, sino que siempre nos centramos en el objetivo, orientación más masculina que femenina, por cierto.

El recuerdo o el exceso de pasado si bien nos puede hacer sonreír, también nos puede llevar, como decía en los capítulos anteriores, a la melancolía y a la tristeza, por lo tanto, también nos altera la dimensión del tiempo y el espacio.

Ahora te toca a ti preguntarte: ¿cómo te llevas con esta percepción? ¿La compartes, la sientes, la has conversado con los tuyos?

_____

_____

_____

_____

_____

_____

Ahora que ya conoces el exceso de futuro y de pasado, ¿lo estás trabajando con las tres formas que te mostré en el capítulo anterior? Te vuelvo a pedir, como en todas tus intervenciones, que no contestes apurada(o), te tomes tu tiempo para sentir cada comentario o pregunta, y anotes lo que vayas sintiendo para tener tu propia continuidad en este libro o, mejor dicho, en este viaje. Ya me contarás cómo te va quedando. Qué emoción guiarte y acompañarte en esto.

_____

_____

_____

_____

_____

Ver para creer o creer para ver

Con este paradigma les tengo que contar una historia que les permitirá ver la dimensión de todo lo que esta elección puede acarrear en su vida. Un día tuve una reunión con un grupo de personas agnósticas, quienes no creían en nada (o casi nada) intangible, y además tendían y tienden a ser muy cuestionadoras de todo. En un principio, este grupo era sólo de un país, pero con la pandemia se fue agrandando y conformando por hombres y mujeres latinos que viven en muchas partes del mundo. No puedo dar más datos por un tema de confidencialidad, pero en ese contexto, porque conozco a un par de ellos, me piden un Zoom para hablar conmigo. Quiero aclarar que, en general, estas personas son muy inteligentes y le dan mucho poder a esa parte del ser humano que controla sus experiencias de vida. Al iniciar la reunión, ellos y ellas me dicen que recuerdan algunas conversaciones previas conmigo y que sienten que hoy tienen un lío en la cabeza, que su grupo siempre centró sus convicciones en el "ver para creer". Hasta ahí ninguna sorpresa, porque me parece que el mundo en general se mueve por ese principio, aunque afortunadamente esto está cambiando. Cuando me cuentan eso, yo, nada sorprendida, sonrío y les digo que ya lo sabía y que, como siempre les he dicho, creo que están equivocados. Pero aquí fue cuando me sorprendí: me dicen que parece que tenía razón. Esto no es lo importante, fue su explicación la maravillosa: "Hoy hay algo que no vemos, que si bien puede ser apreciado en un microscopio, no está al acceso de todos y, sin embargo, eso que no vemos nos enferma, nos mata y nos hace andar a todo el mundo con mascarilla.

Entonces, tal como esto que no vemos nos afecta tanto, puede haber otras cosas que no vemos que también existen y afectan nuestra vida".

Yo me reí y les dije que eso era lo que les había intentado decir las veces que nos habíamos juntado. Les puse como ejemplo el aire, que si bien no podemos verlo, nos mantiene vivos; o la energía del amor y del odio, que son intangibles, pero observamos sus efectos todo el tiempo en nuestra vida. Ellos me dicen que la crisis se las generó la pandemia, pero que habían recordado nuestras conversaciones y me empezaron a dar la razón. El salto que pegaron fue el siguiente (tengo que reconocer que aún se me eriza la piel cuando recuerdo esa conversación): "Si hay cosas como un virus, que no vemos, pero que nos cambia la vida y nuestra forma de vivirla, entonces podríamos pensar lo mismo de la imagen de Dios como tú la transmites, pensando que es una energía poderosa y amorosa que, si uno se conecta con ella, se siente mucha paz. Creemos, por lo tanto, que sería más razonable pensar que es mejor *creer para poder ver, que ver para creer*". La verdad, yo no lo podía creer, pues se manifestaba una verdad espiritual maravillosa —desde la lógica—, que, tal vez, es el fundamento de la frase de *El principito*: "Lo esencial es invisible a los ojos".

¡Wow! Yo lloraba y les agradecía el haberlo compartido conmigo, porque esto me daba la base para la habilidad de la confianza y, desde ahí, la paciencia. En realidad, todas las personas que trabajan en el mundo espiritual y no religioso dicen que para que algo se manifieste en nuestras vidas tiene que ser creído y sentido como si ya estuviera en nuestras vidas; incluso van más allá, dicen que hay que agradecerlo.

Esto se debería hacer sin dudar y con mucha capacidad para pedir con certeza, agradecer y soltar para que Dios o el universo (como prefieras) se encargue del *cómo*.

Luego de todo este análisis cambiar este paradigma puede parecerte difícil, y lo es. A mí me costó sentirlo como real, pero cuando lo practicas con pequeños detalles, resulta. Por ejemplo, sal convencida(o) de tu casa, viendo y sintiendo que vas a encontrar estacionamiento para tu auto sin dudar, sin ponerle cabeza, desde el centro de tu pecho, y verás cómo estará para ti. Este ejemplo simple lo puedes llevar a cualquier escena que tenga que ver contigo y que deseas, planeas y trabajas por ello.

Ahora te toca a ti. Revisa cómo sientes este cambio y si estás o no preparada(o) para empezar a vivir desde la abundancia y la gratitud que éste ofrece, o seguir funcionando desde la carencia o el miedo. Anota tu experiencia y verás que hasta el concepto de muerte y la distancia cambia con afectos, porque ya el cuerpo pierde importancia y lo que empieza a sentirse es aquello que no ves y que tiene que ver con tus energías y, en el fondo, con el alma.

_____

_____

_____

_____

_____

_____

_____

_____

El próximo cambio de paradigma fortalece y le da un cuerpo distinto al recién descrito, y nos llevará a un concepto muy importante en estos tiempos y los que vienen, según lo que estudiamos.

El cambio de la inteligencia espiritual por sobre la emocional

Es sabido por todos que la teoría o el concepto de inteligencia emocional de Daniel Goleman ha sido un gran aporte y uno de los saltos más revolucionarios del último tiempo. Entender que la inteligencia no era sólo un concepto puramente cognitivo, sino que incorporaba otros elementos, es algo que, a mi entender, aún no terminamos de procesar ni de conocer los alcances que llegaría a tener si lo viéramos con toda la profundidad que tiene. En síntesis, y muy simplemente, esto tiene que ver con aprender a tener conciencia de las emociones y gestionarlas de manera adecuada. ¿Qué significa esto? Lo que veíamos en el paradigma de la definición de fortaleza y en cada una de las habilidades explicadas en detalle en el capítulo anterior. Es como estar metidos hacia dentro y hacia fuera al mismo tiempo para poder tomar en cuenta los contextos y las formas en las que podemos ir vaciando nuestro "estanque" emocional sin dañarnos a nosotras(os) ni a nadie.

Ustedes comprenderán que, dada la pésima educación emocional que recibimos, nuestros abuelos y abuelas y, en consecuencia, nuestros niños y niñas, es muy difícil suponer que esto lo desarrollaremos en forma adecuada a lo largo de nuestra vida. Sin embargo, no todo es negativo y muchos hemos trabajado para que haya leyes de educación emocional en nuestros países, para que nos hagan mejores personas, más conscientes de lo que nos pasa y de cómo poder expresarlo.

La biodescodificación emocional es una excelente muestra de cómo, cada vez con más fuerza, se va entendiendo al ser humano como un ser de tres cuerpos comunicados entre sí. Aprender a llorar cuando lo necesitemos, aun cuando no entendamos por qué, y a reírnos con ganas sin taparnos la boca con vergüenza; tener y decir que algo nos da miedo sin sentirnos cobardes, y poder expresar nuestras angustias y molestias sin sentir que estamos desequilibrados o locos son indicadores que debemos cambiar, junto con un sinfín de creencias limitantes patriarcales y judeocristianas que dificultan aún más e aprendizaje sano de esto. Bebés que no pueden llorar casi nunca, hombres que aún sienten que hacerlo es poco varoni y que son débiles, y mujeres a quienes las mandan a revisa sus hormonas si se enojan o les dicen que llorar no soluciona nada, son sólo algunas de las deudas pendientes que tenemos en este tema.

Pero en pandemia se expresó algo que ya venía haciendo ruido y que nos hacía sentir que la psicología no tenía todas las respuestas, y que yo tampoco estaba dando el ancho para acompañar procesos de vida de forma cálida y eficiente a la vez. Esto pasó mucho con la muerte, que es otro gran déficit emocional en nuestras culturas y, sobre todo, con el acto de no poder despedirse de aquellos que amamos por las características de esta enfermedad.

Aquí no bastaba con explicar desde lo intelectual las etapas del duelo, o intentar convencer desde lo cognitivo que todo pasa. Estamos llenos de frases "psicológicas" que no sirven para nada y que, peor aún, no acompañan y hacen daño. Entonces, había que volver a escuchar algo que por primera vez yo oí hace alrededor de diez años. Me estoy refiriendo a un salto casi cuántico que algunos podrán considerar hasta poco científico, y que es la psicología espiritual. La verdad es que, desde Platón hasta ahora, muchos han tocado este tema, pero en el contexto actual se ha hecho fundamental mirarlo y revisarlo para ponerlo al servicio de la gente. Otra vez, en términos muy simples, la inteligencia espiritual plantea que de nada o de poco sirve saber gestionar nuestras emociones si esto no está inmerso dentro de un para qué. Esto conecta con algo que hoy mucha gente está revisando y estudiando y que, espero, sea así por mucho tiempo: la búsqueda de sentido.

En términos prácticos, tiene que ver con te hagas ciertas preguntas en lo que yo llamo "el viaje del silencio", y que vayas al símbolo de esta pandemia que te conté en la introducción y que es tu casa interna. El hacerte preguntas como: ¿para qué te levantas?, ¿para qué vas a comprar eso que quieres?, ¿de verdad necesitas eso?, ¿trabajas, vives y haces lo que te da paz? Ésas son algunas de las preguntas que te invito a hacerte y que son sólo un fragmento de aquello que podría llevarte a buscar otro de los conceptos de esta inteligencia espiritual, que es la trascendencia.

Aquí parece clave tener y hablar de tu concepción acerca de la muerte, del trabajo y de la vida en general. Esto a veces puede ir unido a una religión, y otras veces, muy por el contrario, tiene que desarrollarse muy lejos de ella para poderte hacer las preguntas con toda libertad, sin mandatos de ningún tipo, sólo centrada(o) en la energía universal como el amor, la prosperidad, la abundancia, el perdón, etcétera.

Debido a esto, es común escuchar la frase "soy cada vez menos religiosa(o) y cada vez más espiritual", aunque, ojo, no son excluyentes y todo termina siendo una sola cosa, porque al final lo de dentro es afuera, y todos somos espejo de todo y somos una unidad. Este concepto, que no elimina sino que incluye la inteligencia emocional, parece ser clave para acompañar a personas en procesos integrales y que seamos vistos en unidad frente a todo aquello que nos pasa. Da la sensación de que los seres humanos nos cansamos de ser revisados por partes y no mirados integralmente, y eso va desde la medicina y la educación hasta las religiones, entre otros ámbitos.

Estos paradigmas son los que le dan la base a la paciencia y la confianza dentro de las habilidades estudiadas anteriormente, y por eso te pregunto: ¿cómo está esta área de tu vida? ¿La pandemia te hizo preguntarte sobre la búsqueda de sentido y tomar decisiones en consecuencia? ¿Tienes alguna forma de trabajar hoy esta dimensión de tu vida? ¿Te ves de esta forma integral y te preguntas desde el silencio?

_____

_____

_____

_____

_____

_____

Este concepto de inteligencia espiritual nos lleva hoy a otro que está siendo muy trascendental en la vida de muchos y muchas, y que toca al sentido de la vida: la búsqueda de un propósito.

Si hay algo que me ha impresionado en este último tiempo es la cantidad de gente de treinta o cuarenta años que se siente como saliendo de secundaria y que, de nuevo, o incluso por primera vez, se están preguntando qué quieren hacer con sus vidas de aquí en adelante. Esto ha sido aun más fuerte con personas que se sienten sobrevivientes del covid-19 o que perdieron a seres queridos en este tiempo.

Les quiero contar una historia hermosa que ocurre con un hombre ecuatoriano, quien me contacta un día y me dice que necesita tres rituales de despedida por covid-19. Cuando le pregunto para quiénes son los rituales, me dice que para su papá, su mamá y su único hermano. Había quedado solo en el mundo. Después de compartir su dolor, llorar juntos y hacer los rituales, los que por cierto eran distintos por su vínculo diferente con cada uno de ellos, él queda muy tranquilo y terminamos la conversación. No había pasado una semana desde que habíamos realizado juntos los rituales, cuando me vuelve a llamar, y lo hace para preguntarme para qué creía yo que lo habían dejado aquí. "¿Por qué no me fui con ellos, Pilar?", era la pregunta que me hacía. Está de más decir que yo no tenía ninguna respuesta para darle, sólo me remití a explicarle que ése es un fenómeno muy común después de las guerras, que se llama "la culpa del sobreviviente" y que, seguramente, iba a descubrir su propósito en algún momento.

Él trabajaba en un banco en el tema de educación financiera y riesgos. Pasaron como cuatro meses y me llama de nuevo desde un lugar con muy poca señal. Su cara se veía borrosa, pero podía percibir una luminosidad distinta y una sonrisa que no se borraba con nada. Lloraba sin parar y me dice: "Pilar, estoy en la selva trabajando con indígenas y les estoy enseñando educación financiera. Soy muy feliz, descubrí por qué me quedé, y, a pesar del dolor, encontré un hermoso propósito de vida". Creo que este ejemplo grafica en toda su plenitud la inteligencia espiritual y emocional, el sentido de la vida y la búsqueda de un propósito. Esta historia muestra, además, que ser felices es de valientes. Hay que tener coraje para ser feliz.

Ahora te toca a ti. Sé que son temas cada vez más profundos, más difíciles y que requieren tiempo para ser contestados y escritos. ¿Tienes inteligencia emocional y espiritual? ¿Lo que haces a diario, tiene sentido para ti y los tuyos? ¿Te sientes valiente y con coraje para ser feliz, dejando atrás juicios, rabias y chismes que en nada te aportan?

_____

_____

_____

_____

_____

_____

Es importante que sepas que si estas preguntas te angustian, te dan ganas de dejar el libro o no tienes deseos de seguir, es absolutamente normal y, a lo mejor, eso te está indicando que tienes que ir más lento o pedir ayuda a un profesional que te acompañe a responderlas. Es posible que lo puedas hacer en pareja, con tus hijos o hijas, pero no te juzgues ni te sobreexijas porque esto tiene que ser una aventura y no una tortura.

Ahora les voy a contar sobre un último paradigma, uno que cambió muchas de mis conductas y la forma de mirarlas.

Se acabó la motivación

No miren raro esta frase, quiero contarles de dónde surge. Frente a un grupo de trabajo de unas treinta personas, digo que la gente no tiene ganas de nada y que todos estamos muy cansados. Un español me responde, muy destempladamente: "¿Y qué importa?". Yo me pongo a explicarle que en realidad importaba, porque la motivación era el motor de la conducta, y que, si eso se acababa, mucha gente se iba a deprimir, tal como ya lo estaba observando. Él se ríe y me dice que las personas se están deprimiendo porque no hacen cosas, no sólo por la motivación.

Yo les prometo que literalmente grité en Zoom: "¡Claro que importa, es la acción!". Él se vuelve a reír y me aplaude diciendo que soy brillante. Yo le respondo que la motivación es muy inestable y que depende de miles de factores, desde si dormiste bien o si tus deudas están controladas, hasta si te peleas o no con alguien. Entonces, si esperamos siempre a estar motivados, muy pocas veces haremos cosas de forma constante. Él asiente con la cabeza y el resto del grupo anota. Y yo prosigo: "Los psicólogos nos hemos pasado la vida motivando a la gente, a los niños en las escuelas, a los trabajadores en las empresas, etcétera, y no creo que haya estado mal". Pero, claro, si se observaba como lo estaba haciendo ahora, eso era sólo como la chispa del fósforo, que se apaga si no hay algo más. Cuando comenzamos a revisar esta manera de mirarlo, yo me empiezo a reír y ellos y ellas me preguntan qué me pasaba. Así, les planteo que toda la vida me había mentido diciendo que yo no hacía ejercicio porque no estaba motivada o no tenía ganas. Incluso puse el ejemplo de que cuando miraba a alguien trotar en la madrugada, siempre pensaba: "¡Por Dios que hay que tener ganas de trotar para levantarse a las cinco y, muchas veces, con frío!". Ahora descubría algo muy importante: ese corredor(a) no siempre tenía ganas. Entonces, ¿dónde está el secreto? En entender que la motivación es una *consecuencia* de la acción, y no al revés. Ahí me río más fuerte y digo: "Yo mañana me tengo que levantar a hacer ejercicio con o sin ganas, y la motivación vendrá después de hacerlo, pues no siempre ocurre antes". Alguien en el grupo me pregunta: "¿Tú tienes *ganas* de lavarte los dientes?", y yo contesto que ni siquiera me lo pregunto, pero que la sensación tan agradable que siento después de hacerlo es la que me hace repetir la conducta.

¿No les parece genial? Desde hace casi un año hago ejercicio prácticamente todos los días sin preguntarme nada, y como la sensación al terminar es tan maravillosa, me hace continuar haciéndolo una y otra vez. Si ustedes se fijan, esto cambia el centro de la educación, de la alimentación y de tantas otras cosas, porque la conciencia ahora está en el hacer, y no sólo en la conducta hedonista que hemos tenido hasta hoy.

Pero tengo que ser honesta con ustedes, porque si bien cambiar este paradigma ayuda bastante, y a veces a mucha gente le basta con entenderlo para modificar varias cosas de la vida, no a todo el mundo le alcanza. Para muchas personas se necesita desarrollar el paquete de habilidades mencionadas en el capítulo anterior, que tienen que ver con el cambio en la definición inconsciente de la palabra *disciplina* y con desarrollar un orden y, para eso, entrenar la fuerza de voluntad. Esta última es un músculo que se entrena con metas cortas y con el convencimiento de que lo estás haciendo por ti y nada más que por ti, porque, si no, no resulta. La disciplina es el camino a la libertad, porque te dirige a un estado de conciencia diferente que te permite sentirte libre y, desde ahí, en orden interno frente al caos externo.

¿Qué tal? Es muy interesante, ¿no? Dónde pones tus logros, ¿en las acciones, o esperas a estar motivada(o), como lo hacía yo antes? ¿Te sientes una persona disciplinada o esperas un momento perfecto para empezar? ¿Quieres hacerlo con alguien porque sola(o) no te sientes capaz? ¿Necesitas el aplauso rápido o, si no notas cambios, abandonas? Todo eso es normal y el autosabotaje es parte del camino; lo importante es ir paso a paso, sin desistir, y aunque interrumpas, vuelve a empezar todas las veces que sea necesario: que la muerte te encuentre intentando y nunca derrotada(o). Eso, además, será el mejor testimonio de liderazgo para quienes te observan. Aprende también a descansar, a darte pausas, pero a retomar para continuar con tus planes de acuerdo con lo que tus sueños definen.

Cuando tengas escrito tu libro, tus respuestas y reflexiones te darás cuenta de que hemos recopilado mucha información y, sobre todo, mucho material para trabajar con nosotras(os) mismas(os). Pero a este libro le falta otra parte que, si no se trabaja esta primera, centrada en el amor propio, no tiene sentido. Esa otra parte tiene que ver con la existencia del *otro como otro*. Yo sólo me puedo relacionar con ese otro si me amo, si me cuido, si trabajo mis habilidades y cambio mis paradigmas. Sólo así podré llegar al otro sin apegos, sin necesidad, sin cobros y sin la dependencia del refuerzo extremo que tanto daño nos hace.

Para el próximo capítulo necesito que hayas trabajado, llorado, escrito y conversado el libro hasta aquí. Incluso te puede acompañar en un proceso terapéutico para seguir creciendo. ¿Quieres seguir avanzando? Tómate todo el tiempo contigo y sin juicios. Por favor, te pido que dediques un tiempo a trabajar todos los contenidos desarrollados hasta aquí o, por lo menos, que seas consciente de ellos para pasar a la segunda parte de este libro. Nadie te apura para terminarlo; practica la lentitud desde este momento. Que este trabajo valga la pena el esfuerzo y el placer de estar creciendo juntas(os). Sigamos ahora con esta aventura.

NO OLVIDES:

- No somos dueños del tiempo.
- No tenemos certeza de nada.
- El miedo es la NO aceptación de la incertidumbre.
- ~~Controlar-manejar-enfrentar~~ TRANSITAR.
- La fortaleza es el coraje de expresar todo lo que me pasa.
- Mejor "creer para ver que ver para creer".
- Ser felices es de valientes y hay que tener coraje para serlo.

Capítulo cuatro

Nuevos elementos de conciencia

En un viaje a la ciudad de Cali, Colombia, para un seminario llamado "Expo Ser", conocí a una mujer budista increíble de la cual me voy a abstener de dar su nombre religioso por respeto a su investidura. Inmediatamente conectamos por el interés en el budismo, que me apasiona hace años y cuya metodología y conceptos me hacen mucho sentido. Ella vive en un monasterio en España y desde ahí nos comunicamos ocasionalmente para compartir experiencias, de las cuales, tengo que reconocer, yo aprendo mucho más de ella que ella de mí.

La última vez que hablamos fui yo la que me comuniqué para preguntarle cómo veía todo lo que estaba pasando en el mundo, pandemia incluida, y qué reflexiones tenía de quienes la acompañan que yo pudiera trasmitir en estas páginas. Algunos días después, una mañana al despertar, encuentro un largo audio de ella, de hecho, le dije bromeando que parecía un *podcast* y que lo escucharía con calma. Nos reímos juntas cuando le pregunté si llevaba mucho tiempo en silencio, ya que parecía que tenía ganas de hablar, pues el audio duraba como veinte minutos. Antes de escucharlo, yo sabía que su sabiduría no sólo me daría muchas luces, sino que era probable que estuviera en sintonía con mi estudio y me entregaría elementos que tendría que, seguramente, incorporar por no haberlos considerado previamente.

Así fue: al ir escuchando el audio, validaba y le daba sentido sincrónicamente a todo lo dicho anteriormente, pero, además, le daba sentido a todo lo estudiado. Al inicio del audio, me señala que sus reflexiones están basadas en el presente, porque ellas(os) creen y postulan la impermanecia, es decir, que nada es para siempre y que lo único estable es lo inestable, y el cambio en sí mismo es lo esencial. Por lo tanto, lo primero que me dice es que la gente que saldrá fortalecida de este presente es la que sea flexible y creativa para adaptarse a los sucesivos cambios que vienen en forma manifiesta y que no sólo tienen que ver con la pandemia y sus efectos, sino también con todo lo mencionado en este libro al hablar de la incertidumbre.

Serán esas personas que se adapten al cambio constante, desde la curiosidad y la alegría, las que transitarán mejor por todo lo que está pasando. Para eso es necesario recuperar a nuestros niños y niñas internos, que nos vuelven a la inocencia, la curiosidad y al juego con el fin de experimentar nuestra vida desde el placer y la profundidad, más que desde el deber y la exigencia externa. Como lo he dicho en otras partes del libro, el cambio va desde dentro hacia fuera y no al revés, nunca más al revés.

A partir de esta base, ella me mencionó cuatro puntos que deseo compartir con ustedes y, quiero ser honesta, pues no los diré de forma textual solamente, sino que lo haré desde las consecuentes conversaciones que tuvimos acerca de ellos.

Busca el silencio

Ella me planteó que hay demasiado ruido afuera y que es necesario replegarse hacia dentro.

Esto me pareció curioso y le mencioné que yo sentía que con la pandemia había pasado lo contrario: que el volumen de afuera había disminuido y que por eso los ruidos internos aumentaron tanto. Ella me dijo que "el silencio tiene ruido", y que la gente está arrancando en un porcentaje no menor de sus propias verdades.

Al ir avanzando el curso de la pandemia, el ruido de afuera fue creciendo sobre todo en las cautivantes redes sociales, muchas veces por la necesidad de la gente, desde el miedo, de estar permanentemente informada.

Yo le dije que, personalmente, y bastantes más personas en mis grupos de trabajo, habíamos dejado de ver televisión hacía varias semanas al tomar conciencia de que nos bajaba nuestro nivel vibratorio y que, por lo menos a mí, me afectaba y hacía daño. Ella me mencionó que lo curioso era que ese "envenenamiento" es voluntario y depende exclusivamente de nuestros niveles de conciencia; por eso hay que tener presente que una de las más tremendas enfermedades de este momento es la intoxicación por las redes sociales y los medios de información.

Les cuento como dato anexo a esta conversación, pero que la refuerza, que hay ciertas tendencias que se han venido dando casi como una necesidad, pero con consecuencias sociales no menores, sobre todo en adolescentes. Una de ellas es la fatiga tecnológica, en la que simplemente hay gente que ya no contesta de inmediato, puede dejar en el famoso "visto" —el que además ha ido desapareciendo por voluntad de los usuarios— y se demora en volver a conectarse. Esto ha traído consecuencias afectivas en muchas personas, especialmente adolescentes, que se han sentido rechazados por el grupo de amigas(os), y que cuando se exponen al contacto real, se dan cuenta de que esta reacción sólo responde a esta fatiga por comunicarse con el otro únicamente por vías tecnológicas.

Otro interesante cuadro anexo a esto es a lo que le llaman languidez. Esto se podría definir como síntoma, y se pensó en un principio que era una consecuencia del covid-19. Tiene características muy particulares, pues no es tristeza ni depresión, sino que es como si bajaran el volumen de lo que hago. Se habla más bajo y más lento, se hace todo a una velocidad que a muchos puede angustiar, pero que, ya se estarán dando cuenta, ayuda sin querer al desarrollo de una de las habilidades mencionadas hasta el cansancio, que es la lentitud.

Después de un tiempo, se descubrió que como todos, de una otra manera, ya sea de forma manifiesta o simbólica, hemos tenido covid-19, la languidez se ha dado en toda la población en distintos grados y momentos.

Este síntoma abre una oportunidad maravillosa encubierta en este aparente desánimo, y es que permite desarrollar grandes dosis de creatividad, y la gente lo percibe, ya que en esos momentos de lentitud pueden repasar, cuestionar y revisar sus vidas hacia objetivos más profundos y que salen desde el corazón y el alma, no desde la cabeza.

Otro efecto de esta alteración comunicacional producida por el confinamiento, y que incluso tiene consecuencias físicas, es la llamada fatiga pandémica. Ésta, otra vez, puede ser confundida con depresión y falta de entusiasmo, pero tampoco lo es. Es una reacción al confinamiento que se expresa como una falta de motivación frente a muchas actividades y que es reforzada por un excesivo tiempo utilizado en el teléfono como el gran instrumento de desconexión de nosotras(os) mismas(os). Al final, el teléfono celular se transformó en el elemento de conexión para muchos y muchas con sus afectos y terminó siendo una forma de socialización que, si bien cansa, en algo compensa la manera de entablar contacto con otros.

Antes de volver al silencio de mi amiga, quiero que revises si alguno de estos factores los sientes y de qué forma. Puede que incluso les puedas escribir a estos síntomas nuevos no descritos. Una vez que hayas hecho esto, revisa qué ves en televisión y cuáles son las cuentas que sigues en las redes sociales. Aquí quiero que repares en un detalle, y es que veas cómo te sientes una vez que las usas. ¿Te dan paz? ¿Te sientes mejor después de conectarte? ¿Te estimulan a ser mejor persona o te enganchas con emociones como la frustración, la rabia, el miedo, los juicios, la burla, etcétera?

_____

_____

_____

_____

_____

Eso nos dará la pauta para continuar con la frase de mi amiga sobre el silencio: "Hay mucho ruido afuera; invita a la gente al silencio y a la búsqueda desde dentro hacia fuera".

Hay que recalcar que el silencio tiene ruido, sobre todo si está en nuestra mente. Imagina, por ejemplo, que te llevo a un río, desierto, lago o playa en calma desde tu propia habitación. En esos escenarios te pido que estés en silencio. Seguramente, aunque logres un grado de concentración enorme, sentirás muchos sonidos a tu alrededor, pero eso no quiere decir que no estés en silencio. Quizás es lo mismo que sucede con el mito de que para meditar hay que llegar a poner la mente en blanco, cuando en realidad la meditación es un ir y volver desde ti hacia fuera, y lo exitoso del proceso no es sólo no salirte de ti, sino también poder volver cuantas veces sea necesario.

Al final el silencio es un viaje, uno hacia dentro, que lo único que te va a ofrecer son preguntas que, si tienes el coraje de contestar, te harán salir hacia fuera con paz y con decisiones tomadas a tu favor y desde tu centro.

Pregunto entonces, desde tu amor propio (revisado y, espero, trabajado en el primer capítulo): ¿te gusta el silencio? ¿Lo necesitas y te hace falta cuando no lo trabajas? La información que tienes de ti, ¿la obtienes desde ti o la buscas afuera? Responde estas preguntas con calma y silencio.

_____

_____

_____

_____

_____

_____

_____

Mecanismos de autoprotección

En general, se plantea —no sólo mi amiga y tampoco creo que sea ninguna novedad— que hay dos fuerzas espirituales muy potentes en el mundo y que, a diferencia de otros tiempos, hoy hay más mecanismos y formas de observarlas al instante. En este punto, internet y la rapidez de la información parecen claves para observarlas.

Por un lado, me refiero a una fuerza que vibra, o por lo menos lo intenta, en forma consciente lo más alto posible; que intenta confiar en el flujo del ser humano y de la vida, y aunque en muchas ocasiones ésta duela, algunos saben que todo tiene un sentido y que todo ocurre para un bien mayor. Ese grupo trabaja la gratitud, confía, espera y está todos los días, sin saberlo muchas veces, trabajando las habilidades y los contenidos de este estudio. Yo me siento parte de ese grupo y seguramente tú, que lees este libro, también lo seas, o algo dentro tuyo te lleva a esa energía.

Hay otro grupo que, por falta de amor, aspectos en su educación, inequidades y falta de oportunidades de los sistemas sociales, no han sabido ponerse al servicio de la gente y vibran bajo, desde el miedo, la rabia, la culpa y la vergüenza.

Este grupo está permanentemente conectado con el afuera y muy poco o nada con el adentro; sufren de intoxicación informativa y seguramente no se han adaptado a los nuevos paradigmas, sintiéndose atrapados en la insatisfacción. En algunos casos, sienten mucho odio y deseos de venganza frente a la opresión de sus llamados "derechos", donde los y las otras(os) distintas(os) a ellas(os) dejan de ser válidas(os). Quiero decir que en ambos grupos hay extremos, y ambos pueden ser peligrosos si no se mantienen centrados y conectados en su mundo interno.

Por eso, estos mecanismos de autoprotección son importantes para poder continuar, porque sin ellos —los cuales me mantienen en eje— la posibilidad de contaminación externa es enorme. Dichos mecanismos parten de lo externo y es lo primero que hay que revisar. ¿Cómo te informas? ¿Cuáles son tus ritos madrugadores? ¿Cuánto poder le entregas a lo que te dicen los medios, o en ocasiones, y ojalá no pocas, te lo cuestionas o al menos escuchas a las contrapartes para formar tu opinión?

Aquí un aspecto que me asusta, pero que ya es una realidad, y es cómo funcionan los famosos algoritmos, donde te va llegando casi por todos lados la información que has ido buscando y te van reforzando tu forma de pensar y solidificando tus ideas. La verdad es que, cuando dicen que las vacunas son un chip para saber de nosotros, me río, porque hace muchos años que estos algoritmos conocen todo de nosotros, y depende de nuestra voluntad soltar esa ansiedad y nuestro control para ejercer nuestra libertad como conciencia de qué información tomamos y cuál dejamos de considerar, y desde ahí optar por una mejor calidad de vida.

Si ya nos estamos protegiendo de lo de afuera y tenemos plena conciencia de que comemos no sólo por la boca, sino también por nuestras cabezas o emociones —entendiendo que este espacio depende sólo de nuestra voluntad, al cambiar un canal de noticias y ver algo que nos haga reír, o apagar la televisión para escuchar música, ojalá de alta vibración—, entonces empezaremos a establecer redes de autoprotección que nos conectarán con el silencio, la lentitud y, en consecuencia, con mayores niveles de conciencia.

Me he dado cuenta en los grupos de trabajo y en mi vida de que cada persona tiene dificultades propias, de acuerdo con su historia, para poner límites adecuados. Hay personas a las que les cuesta poner límites de autoprotección más con hombres que con mujeres, seguramente debido a su relación con su padre, y a otras personas les podrá costar más con mujeres, herencia de la relación con su madre. En lo que coinciden todas es que siempre es más difícil con los cercanos que con gente más lejana, y que nos cuesta más a las mujeres que a los hombres. Obviamente, esto debido al modelo de aprendizaje patriarcal.

Ahora te toca a ti. Te invito a pensar en el punto recién expuesto. ¿Estableces mecanismos de autoprotección en tu vida? ¿Tienes conciencia de que el autocuidado depende exclusivamente de ti? ¿Trabajas o eres consciente de que el cultivo de tu voluntad es lo único que produce que pongas límites y te cuides como mereces?

_____

_____

_____

_____

_____

Aquí llegamos a un concepto que, con cierto dolor, aprendí no hace mucho tiempo. Me he dado cuenta, al igual que los grupos de trabajo, de que nuestra conciencia de merecimiento —sobre todo en las mujeres por las razones antes expuestas— está relacionada con el esfuerzo y con el sacrificio. En la medida en que me sacrifico, merezco; lo cual es un error, porque este concepto está relacionado con el *ser* y no con el *hacer*. Tú y todos merecemos lo mejor si damos lo mejor desde lo que somos, sin hacer ningún esfuerzo. Es como si te describiera el circuito de la abundancia: llega en la medida en que crees en ella y has dado lo mejor de ti desde el alma, y no desde tu mente. Este tema daría para un libro completo que quizá, cuando lo vea más manifiesto en mí, pueda hacerlo e investigarlo desde cierto grado de experiencia sana. En estos momentos apenas estoy cambiando los paradigmas que modifican la definición del concepto y viviéndolo desde el placer y desde el *creer para ver* ya mencionado.

Aunque estoy trabajando en el merecimiento, igual te quiero preguntar y pedir que anotes cómo te relacionas con él. ¿Te sientes merecedora o merecedor de la mejor pareja, el mejor sueldo, de todo lo bueno que te puede dar la vida, el universo, Dios o como prefieras llamarlo? Ten cuidado con este análisis, porque también tiene relación directa con tu vida espiritual o religiosa, o con el o la adulta(o) más potente y autoritaria(o) que te haya tocado en la historia.

———————————————————————————

———————————————————————————

———————————————————————————

———————————————————————————

———————————————————————————

———————————————————————————

———————————————————————————

———————————————————————————

¿Te das cuenta de que es muy complejo el tema, y que tiene relación directa con el amor propio y todo lo analizado en este libro? Por eso te pido que lo revises con calma, porque, por ejemplo, si tienes una visión de Dios como alguien que te manda pruebas o castigos, o como un ser que dice ser amoroso, pero que en los actos no lo ves así, y te relacionas con él desde el miedo y la complacencia, entonces tu relación con el merecimiento y con los otros estará marcada por aquello.

Cuando te digo que te tomes con calma cada contenido y que no te apures en avanzar sin profundizar es en serio, y tan en serio como pedirte o invitarte a escribir las respuestas a cada una de las preguntas. Es muy distinto pensar a escribir, y sería mejor aun decir lo que escribiste y pensaste.

Desarrollar con conciencia la lentitud

Aquí voy a intentar ser lo más fiel a lo que mi amiga me transmitió, y si cometo alguna imprecisión frente a algún o alguna budista que esté leyendo esto, les pido disculpas de antemano. Sólo intento precisar algo muy complejo en palabras fáciles.

Durante este último tiempo hemos estado siendo atacadas(os) por la palabra *incertidumbre*. Esta palabra es generadora de miedo, incomodidad, tristeza, angustia y pérdida de control, y ha sido, actualmente, experimentada por muchos seres humanos. En realidad, cada día tenemos más claro que esta palabra nos ha acompañado siempre, que nunca hemos tenido certezas y que nuestra mente nos ha vendido una ilusión de control que hoy perdimos, y que muchos y muchas viven desde el abismo. Sin embargo, hay otra manera de visualizar este concepto tan abrumador, y tiene que ver con la palabra que dio inicio a este libro: *oportunidad*.

Sentir que todo es incierto y que de verdad no sabemos qué va a pasar al minuto siguiente nos permite cocrear esa realidad y hacernos responsables del presente y de nuestra actitud frente a él. Ése es nuestro gran poder. Nuestro único poder.

Los budistas, ya se los conté, le llaman a esto impermanencia, es decir, la conciencia intelectual y afectiva de que nada es permanente, que lo único estable es lo inestable y lo único que no cambia es el cambio mismo.

El tema o la pregunta de este punto es cómo transitamos esta impermanencia desde el disfrute y la liviandad, sin caer en la necesidad de control y, por lo tanto, en el miedo,

que, por definición, es la no aceptación de la incertidumbre
o de la impermanencia. La respuesta es que la única manera de disfrutar este proceso es, como dije en algún momento, cambiando el miedo por curiosidad y conectando con la
conciencia del presente que nos llevaría a la libertad plena y
responsable, y eso se logra desde la lentitud. Vuelvo a repetir que este concepto nos hace más conscientes, más eficientes, menos erráticos y nos lleva a una práctica de libertad
real y gozada.

Quiero que hagas el ejercicio de meterte a la ducha lentamente; al ser consciente del presente, seguramente tendrás
que levantarte antes para que no lo hagas tan rápido y puedas conectarte con el agua y el jabón que corren por tu cuerpo. Tu experiencia de esa ducha será muy distinta. Y si te pido
ahora que pongas lo más linda y sencilla posible tu mesa y
te sientes a comer con calma, que observes con nitidez los
colores, texturas, sabores y formas de lo que comes y lo hagas con lentitud, te garantizo que tu experiencia de la alimentación será absolutamente distinta y gratificante.

Mi amiga siempre me dice que la gente pierde la capacidad de observar todos los regalos que están disponibles para ellas(os) por la rapidez con la que se mueve en el
mundo. Claramente, la rapidez no es amiga de la conciencia; cuanto más rápido hagamos todo, menos conscientes y
libres somos. Es por esto que te quiero invitar a algo que yo
estoy practicando desde mediados del año pasado: ejercita
sólo por un día la lentitud y observa qué te pasa al hacerlo.
Te contaré que hay personas que se angustian, otras que se
sienten torpes, a otras les da miedo y la gran mayoría, si bien
le puede complicar y costar, siente un profundo goce que la

hace ser consciente y seguir, con días buenos y días malos, llevando esta palabra a las actividades de rutina, aun cuando les genere tensión o nerviosismo a quienes te acompañen en lo cotidiano. El resto va entendiendo los beneficios cuando ven la paz con la que transitas durante el día, sin errores, sin conflictos y, lo que es más importante, con gran armonía.

El otro día con un grupo aplicamos la lentitud y la pausa para transitar por conflictos familiares, y los resultados siempre fueron positivos o, por lo menos, más calmos. En otro tema donde aplicábamos la lentitud fue en la comida. Recuerdo, con cierta ternura hacia mí, que cuando terminaban ciertos días de mucha impotencia y tensión, no me daba cuenta de cómo me había comido algo dulce sin tener ganas. Si hubiera sido consciente de la lentitud y hubiera puesto una pausa de conciencia después de la tensión —a lo mejor, haber salido a caminar, respirar profundo, tomar agua, etcétera— no lo habría hecho. Igual tengo que reconocer que, como ya llevo meses aplicando pausas en casi cualquier decisión, he avanzado mucho, aunque tengo claro que *hago todo lo que puedo, pero no puedo con todo*, por lo menos no siempre, a pesar de que avanzo.

Puedo decir con toda propiedad que la lentitud cambia la perspectiva de una caminata, de una comida, de ordenar tu casa y, por supuesto, de las decisiones que tomarás de aquí en adelante. No te pido que me creas, sólo te pido que lo pruebes y que pienses en qué sientes, con qué dificultades te encuentras y cómo las vas transitando. Baja la velocidad de tu vida y llegará otra forma más real y más profunda de sentir paz.

Aquí te voy a mencionar algo que te puede parecer curioso, y es la confusión que en nuestro sistema hedonista y centrado en el placer producen la lentitud y la calma no sólo en uno, sino también en la percepción del resto. Les cuento que en el curso de mi enfermedad fui encontrándome con una Pilar más calmada, que, además, estaba conscientemente trabajando la lentitud y la atención de sus necesidades. Hablo más lento hoy y yo diría que en un tono más bajo; mis movimientos y decisiones, al tener una pausa, parecen ir en otro ritmo en relación con el que tenía antes, cuando siempre parecía hiperenergizada y a una velocidad marcada por la hormona del estrés, el cortisol.

Aquí aparece un concepto que aprendí en terapia, y que tengo que reconocer que me ha costado mucho llevar a la práctica. Frente a la lentitud empieza a aparecer la necesidad de darse espacios de descanso y, para eso, como todo en la vida, se requiere disciplina. Suena extraño, ¿no? Disciplina del descanso. Eso me dijo mi terapeuta un día y me dejó perpleja y pensando. Me dijo que yo tenía disciplina para todo, menos para descansar, que los descansos eran para mí estados excepcionales y no formaban parte de mi vida. Ella me recuerda la conversación en la que yo le había mencionado, con gran orgullo, que no trabajaría sábados ni domingos, y me respondió que eso no era para jactarse, que era lo mínimo.

Ahí me di cuenta de que yo estaba mal y que no tenía incorporado como una "obligación" el acto de descansar. He explicado en otros libros que nuestra cultura occidental no valora el descanso, sino que lo ve como falta de productividad, y por esto en nuestros países se descansa con culpa.

Ahora, si a eso le sumamos como recurso nuevo la lentitud, más conciencia hay de esta supuesta improductividad y, por lo tanto, más asociado queda este concepto a la falta de eficiencia y, en consecuencia, a la tristeza.

Frente a este cambio de mi conducta no se pueden imaginar la cantidad de personas que me preguntaron si estaba triste, que me notaban más decaída. Es que parece ser que existe una mirada social que asocia la calma, la tranquilidad y la lentitud a la tristeza. Parece que debiéramos estar en plena efervescencia para mostrarnos felices, sin entender, a mi juicio, que la felicidad tiene más que ver con la paz, el silencio y la serenidad que con el ruido y la agitación. Te cuento esto para que tengas claro que todo cambio tiene consecuencias internas (tal vez te preguntarán si estás triste o deprimida(o)) y consecuencias externas (quizá los otros vean ese cambio como algo extraño). Por eso, he dicho que en un cambio tan profundo como el que estamos viviendo hay duelos internos, pues hay partes de uno que mueren al dar espacio a comienzos más conscientes, más plenos y más libres.

Por supuesto que tengo que preguntarte si tienes asociada la tranquilidad y la calma a la tristeza, y si aplicas la disciplina del descanso en tu vida. Si la gente te ve tranquila, en calma, incluso un poco silenciosa(o), ¿tiende a pensar que estás triste e inmediatamente te pregunta si te pasa algo?

Todo cambio interno tendrá consecuencias en el otro y en el mundo social, laboral y afectivo que te rodea. Por eso decía que muchas veces el trabajo hacia el amor propio te encuentra con senderos de soledad y despedida de muchas personas y vínculos.

De esto deriva por sí solo el cuarto punto, que nos llevará al siguiente capítulo, y aquí tengo que reconocer que no estaba incorporado inicialmente en el estudio, pero, cuando mi amiga me lo mencionó, me hizo todo el sentido del mundo.

Hacer que la gente necesite cada vez menos

Este título es la misma frase que ella señaló y, más aún, me dijo que acompañara a las personas en ese proceso. A mí me hizo sentido porque el budismo siempre habla del apego o el necesitar como causa del sufrimiento humano, pero esto iba mucho más allá. Concuerdo con que el apego es un concepto muy arraigado en nuestra cultura occidental y he hablado mucho de ello en otros libros, pero aquí forma parte del contexto de pandemia y de incertidumbre que vivimos y que, según mi experiencia, vamos a seguir experimentando como un proceso consciente.

Con la pandemia apareció una contradicción interesante, en la que, por un lado, nos pudimos desapegar de muchas cosas que no necesitábamos y, por otro, la impermanencia nos llevó a movernos de aspectos que siempre creímos estables. Escuché muchas veces durante el confinamiento, como dije antes, que varias personas, sin importar condición social ni económica, decían que se habían dado cuenta o, mejor dicho, habían tomado conciencia de que tenían más de lo que necesitaban y que ya "no iban a caer en las redes del consumo nuevamente". Otras iban más allá en el análisis, y decían que gran parte de sus deudas actuales no eran o no

las habían adquirido por algo trascendental, sino para comprar cosas que, hoy veían, no mejoraban su paz ni, por lo
tanto, su calidad de vida, sino, por el contrario, la dañaban y
las desconectaban de ellas mismas. Hubo gente que empezó
a pensar en la frase del expresidente Mujica, quien propone
que cuando compremos algo, no veamos el precio, sino cuántas horas de libertad y paz nos quita.

Esto evidentemente suena idílico y no forma parte de
lo que ha ido pasando en la medida en que el confinamiento ha ido quedando atrás; para algunos, esto se quedó en
promesa de Año Nuevo y salieron como locos a cubrir aquel
espacio que no se logró llenar dentro; otros, en cambio, lo-
graron cumplir aquellos compromisos.

La pulsión hacia fuera siempre es más fuerte que la
pulsión hacia dentro. Así es la vida; si no, las mujeres no ex-
perimentaríamos la contradicción que sentimos al momento de parir, cuando nos preguntan si queremos que nazca
nuestro bebé, la mayoría respondemos sí y no, pero la pulsión que gana siempre es la que va hacia fuera. Entonces ése
no es el problema, si salir o no, el gran tema es cómo. Por eso
digo que estamos en el punto bisagra, donde hay que probar
aquello que nos dijimos y que, según nuestro planteamien-
to de esos momentos, cambiaría nuestras vidas.

Aquí entramos en una dimensión del necesitar que es
aún más compleja y grave que la material, y que tiene que
ver con los afectos. No nos basta con sentirnos dueños de
bienes, propiedades y cosas en general, sino que también
nos enseñan desde pequeñas(os) a sentir que nuestras personas cercanas también nos pertenecen. Entonces, son *nuestros* hijos, padres, amigas(os), parejas, etcétera. He dicho en

contadas ocasiones que somos entrenadas(os) en nuestra sociedad occidental en el *mi* o en el *mío,* y es por esto que, si lo perdemos, todo parece desmoronarse a nuestro alrededor.

En ese contexto, parece más importante aún lo expresado en mis anteriores libros, que es el hecho de que tenemos una definición de amor absolutamente insana, basada en la dependencia, la carencia y el apego, donde si el otro se va, se mueve o se muere, mi vida casi literalmente pierde sentido. ¿Se empieza a entender por qué, para llegar al amor al otro era imprescindible partir con el amor propio, pero no como uno centrado en mí y enfrentado al resto, sino como un prerrequisito para amar en salud, libertad y sin cobros innecesarios?

Cuando mi amiga me dice que el estado ideal es no necesitar nada ni a nadie, me lo plantea además como una manera de prepararse frente a una situación mundial de muchas transformaciones, en la que cuanto más apegados a las cosas y personas estemos, más esquemas mentales de sufrimiento tendremos. En cambio, si trabajamos el desapego desde ahora, podremos transitar por cualquier situación desde el dolor de la pérdida, pero no desde el sufrimiento por haber perdido algo que, según mis creencias, me pertenecía.

En general, el entrenamiento en el apego siempre va a venir unido al miedo y a la rabia, donde el mecanismo que nos permite transitarlo es la ilusión de control, que es justo el que está en crisis.

Ahora te toca a ti. Trabaja y pregúntate con toda honestidad lo siguiente: ¿Qué y a quién necesitas? Si te quito eso que sientes que necesitas para vivir, ¿pierde sentido tu vida?

_____

_____

_____

_____

_____

_____

_____

Si te menciono las palabras *apego* o *necesidad*, ¿qué aparece en tu cabeza? ¿Personas, situaciones, recuerdos?

_____

_____

_____

_____

_____

_____

_____

¿Sabes por qué este punto es importante? Porque si trabajaste el amor propio tu forma de llegar al otro será desde la plenitud y una conciencia superior, que te permitirá entender que la felicidad del otro importa muy a pesar de todo lo que tiene que ver contigo. Tu mayor prioridad será que sea feliz porque tú ya lo eres, y no necesitas nada ni a nadie que haga ese trabajo por ti. Lo único que quieres del otro o de esa situación es compartir lo que haya que compartir, sin que haya una necesidad de por medio.

Es por esto que estos cuatro puntos abordados aumentan aún más nuestros niveles de conciencia y, desde ahí, podemos entrar al último tema, que le da sentido a la siguiente parte del libro. Me refiero al paradigma de la otroridad. Parece extraño, pero ya lo entenderás.

NO OLVIDES:

- Busca el silencio.
- Busca mecanismos de autoprotección.
- Desarrolla conscientemente la lentitud.

Agrega aquello que no quieres olvidar de este capítulo:

- _____
- _____
- _____
- _____

Capítulo cinco

Otroridad

A muchas y muchos de ustedes les llamará la atención este concepto, y a otras(os) les evocará la palabra *sorodidad*, que tiene que ver, en términos simples, con la solidaridad, empatía y acompañamiento del género femenino y que, muchas veces, se ha intentado politizar, haciéndole perder el profundo sentido de tribu y aquelarre que de verdad tiene.

La otroridad es el último paradigma que aparece con la pandemia, y se conecta con que con esta enfermedad apareció la o el otro, ese que determina mi salud o mi enfermedad, y que me hizo entender que, si yo me cuido, los cuido a ustedes, y si ustedes se cuidan, me cuidan a mí.

Pero el tema es mucho más profundo, porque esa o ese otro requiere de un trato y un cuidado desde ahora y en forma consciente que antes no existía, y al cual además le falta mucho por evolucionar. Tiene que ver, por ejemplo, con el simple acto de entender que si yo tiro una mascarilla en la calle no sólo afecto la estética del lugar, sino seguramente la vida y el planeta de mis hijos e hijas en el futuro.

Se supone que durante todo el libro hemos estado trabajando la conciencia más bien individual y, en la medida

en que lo hagamos bien, vamos a ir desarrollando una conciencia colectiva que esté marcada por aspectos como la no-
bleza o la ternura. Partamos por el principio. Los y las invito
a revisar el camino recorrido. Hemos trabajado el amor propio moviéndonos por las dimensiones del autoconocimiento, la autoaceptación, el autocuidado y la autoprotección. Si
llegamos a este punto es porque entramos en el maravilloso
mundo de no necesitar y de querer sólo compartir la vida
con cosas, situaciones y personas. Si esto ha sido así es porque hemos estado ayudadas(os) por los cambios de paradigma y por los cuatro elementos que colaboran a elevar la
conciencia mencionados en el capítulo anterior.

Así, debiéramos estar desarrollando la gratitud en forma diaria y permanente para salir de nosotros de la manera
más sana posible, sin carencias y sin heridas que nos hagan
ir a la o el otro para que me cubra, llene o sane aquello que
yo no he realizado por mí misma(o).

Indudablemente, para llegar aquí tenemos que haber
por lo menos tomado conciencia de los apegos que tenemos
y, ojalá, soltarlos para dejarlos ir y cubrirnos en la vida por
nosotros mismos. Esto parece o huele al clásico egoísmo occidental, y desde ahí podríamos derivar hacia nuestro actual
individualismo, que, en realidad, sólo desaparece cuando hay
miedo, tristeza social o, en el mejor de los casos, conciencia
de la o el otro.

Preguntémonos ahora cómo llegamos a la o el otro y a
qué tipo de otra(o) queremos llegar. ¿Qué miedos persona-
les, históricos o culturales me impiden acercarme a esa o ese
otro(a) que tengo enfrente?

_____

_____

_____

_____

_____

_____

¿Me puedo acercar igual a un indigente, a un enfermo mental, al pobre, a quien tiene un color de piel distinto al mío o es de otra cultura, o me es más fácil acercarme a un otro(a)que asumo, por supuesto, desde la ignorancia, que es igual a mí?

Te invito a pensar en esto, porque, así como en nuestra cultura han sido definidas ciertas discriminaciones como la homofobia, ésta es solamente una de sus formas entre tantas otras, producto de la ignorancia, que sólo nos hace alejarnos de nuestro sentido de comunidad. Sin duda, muchas veces sentimos al otro(a) como amenazante por su color, raza, religión, orientación sexual o postura política, entre otros motivos. Esa sensación, basada siempre en el miedo, incluso ancestral, nos hace llenarnos de juicios y categorías que sólo nos quitan humanidad.

Se entiende que a veces a todos nos cueste aceptar ciertas diferencias más que otras, pero durante estos últimos tiempos hemos presenciado lo que muchos llamarían "falta de tolerancia extrema" frente a quien piensa distinto. Esto lo hemos visto, por ejemplo, entre los que aceptan las vacunas y los que no; por otro lado, nuestros sistemas políticos y sociales se han ido aferrando a los extremos como una forma de "orden", y nos tienen otra vez enfrentados en nuestro tan antiguo y caduco pensamiento binario.

Seguro que muchos y muchas de ustedes están pensando que este análisis si bien corresponde a lo que vemos, está armado y fundamentado por los poderes más altos del mundo a nivel político y económico, a quienes, por supuesto, les conviene la pelea entre ricos y pobres, y así con cada uno de los aspectos mencionados. Lo que pasa, a mi juicio, es que si nos quedamos en esta explicación —certera, pero limitada—, entonces no tenemos nada más que aceptar esta realidad deshumanizada, fría y tan falta de amor; pero creo que cada una(o) debe preguntarse cuál es su aporte y cómo, desde su realidad, puede ir cambiándola día a día desde su barrio, trabajo o amigos.

Por lo tanto, pregunto: ¿qué intentos haces por acercarte a esa o ese otro diferente a ti? ¿Te atreves a conversar, cooperar y escuchar realidades distintas a las tuyas con el objetivo, ojalá, de aprender de esas personas, disminuir miedos e irte quitando prejuicios que nos vayan acercando en vez de alejarnos?

_____

_____

_____

_____

_____

_____

_____

_____

_____

Si somos honestos frente a estas preguntas, nos van a sorprender las respuestas y, en muchos casos, nos darán hasta vergüenza, aun cuando tengamos razones que consideramos válidas para mantener ese alejamiento. Obviamente, la fuente de todo este alejamiento mantenido y reforzado por las estructuras de poder a las que esto les conviene es la *educación en la ignorancia*. Puede parecer contradictorio, porque la educación saca de la ignorancia a la gente, pero también se nos educa en el no saber o en saber sólo partes o mostrar fragmentos de verdades para que creamos totalidades.

Ya hemos estado algo densos y negativos, así que quiero reflexionar con ustedes lo que he descubierto sobre qué se necesita para llegar a esa o ese otro. Te vas a sorprender por lo simple y por el reflejo que genera en nosotras(os):

I. Dejar atrás todo rasgo de pensamiento binario que nos ubique a nosotros(as) y a ellos y ellas en frentes distintos. Intentar elaborar un camino del medio que nos haga dejar de ver blancos y negros, y aprender de los grises. Este ejercicio no es fácil y hay que estar dispuesta(o) a aprender y escuchar a aquellas(os) que piensan distinto. Implica informarse, leer y buscar maneras de pensar diferentes a las mías.

2. Se necesita, aunque parezca obvio, mirarlas(os), observarlas(os) y, ojalá, descubrir en su mirada qué nos transmiten y a qué miedos nos enfrentan. Esos miedos pueden ser condicionamientos ancestrales profundamente arraigados. Siempre recuerdo las primeras veces que fui a visitar a personas en situación de calle, o al mismo psiquiátrico; varios me decían que no me acercara, que había "gente mala" y que tuviera mucho cuidado. Lo mismo me han dicho cuando he visitado cárceles y otros lugares donde se supone que hay otras(os) "muy diferentes" a nosotras(os). La verdad es que, cada vez que voy y asisto a lugares con estas características, lo que hago es aprender, escuchar y salir con el corazón arrugado por tanta falta de equidad, justicia social y educación en el amor.

3. Nunca esa o ese otro va a necesitar un juicio o un discurso, lo que necesita es que le pregunten, que perciba que yo estoy interesada(o) en su historia, sea cual sea la que esté viviendo. Quiero dejar claro que, hasta ahora, he puesto mi análisis y nuestros miedos en la mal llamada marginalidad o minorías sociales, pero este miedo a la o el otro ocurre incluso en un ascensor, donde ni siquiera, la mayoría de las veces, nos saludamos o sonreímos. Este miedo o ansiedad también puede ocurrir con la vecina, a la cual no me acerco porque "me dijeron" o "me parece que...". Esto se modifica, por supuesto, si hay un terremoto u

ocurre una desgracia, cuando el miedo suele unirnos. Esto, además, se acentúa en los sectores más privilegiados de la sociedad, donde algunas personas sienten, según sus testimonios, que, como se "autoproveen de todo", no necesitan al de al lado. En cambio, muchos mencionan que los sectores de menos recursos necesitan de redes de apoyo para salir adelante, y eso los haría más conscientes de lo bueno y lo malo del que está al lado. Sé que esto es horrible, pero mi labor es recoger opiniones, mostrar tendencias y no generalizar porque, menos mal, el mundo y el funcionamiento social están llenos de excepciones maravillosas en todos lados y en todos los sectores. No puedo dejar de mencionar que estos comentarios provienen de muchas personas y, si uno los analiza y los mira desde fuera, algo de razón tienen.

4. Después de ser visto, mirado y sentirse importante, ese otro u otra necesita ser *aceptado(a) y no tolerado(a)*.

Los que me conocen y me han acompañado en la vida, ya saben que la palabra *tolerancia* me produce un profundo rechazo, porque es como "aguantar". Me parece antidemocrática, poco amorosa, jerárquica y la siento como una bolsa de rabia que termina por colapsar al poco tiempo.

Más aún, creo que gran parte de los problemas sociales que tenemos se debe justamente a este punto. La tolerancia está fundamentada en la rabia, en cambio, la aceptación está basada en el amor hacia el otro(a), tiene como base que el otro(a) es otro(a) igual a mí, aunque piense y se vea distinto. Al final, los problemas sociales muchas veces se detonan porque nos cansamos de tolerarnos, porque siempre nos faltó una aceptación real.

Y ahora, ¿cómo andamos por casa en el pensamiento binario, en el acto de mirar al otro(a), en el preguntar antes de opinar y en el de aceptar antes de tolerar? Díganme —unos más y otros menos— que estamos en falta y tenemos mucho que gestionar en nuestra forma de relacionarnos con nosotros(as) mismos(as) y en cómo, desde ahí, llegamos a ese otro(a) que nos espera.

No puedo dejar de considerar que en "el otro lado" pasa lo mismo. Hay muchas personas que no se dejan amar, ayudar y que impiden todo tipo de acercamiento por estar, muchas veces, enojadas con el sistema, rabiosas por sus vidas, heridas y tantas otras variables que les han hecho percibir abusos que han producido una profunda crisis de confianza, difícil de superar. Sin embargo, les recuerdo que la gran mayoría de las veces las personas enrabiadas o enojadas encubren, desde esa emoción, la tristeza y el miedo, porque estos últimos no están permitidos de ser expresados en un sistema que los sigue calificando como débiles.

5. Ese(a) otro(a) necesita empatía, que alguien le diga, aunque no sea verdad, que entendemos en lo profundo lo que le pasa. Les digo "aunque no sea verdad" porque, en el fondo, y en honor a una honestidad brutal, nadie sabe cómo se siente la o el otro, sólo nos podemos aproximar a esa sensación y hay que ser

muy respetuosas(os) con lo que la o el otro vive. Aquí no puedo dejar de mencionar algo que me tiene impresionada, y es ver cómo ha aumentado la cantidad de gente que "compite" con los dolores y que pareciera que tiene una balanza para decir, con mucha autoridad, "yo he sufrido más", "lo que a ti te pasa no es nada, porque a mí...", o "mi marido sufrió menos que yo en el divorcio", etcétera. Siempre he dicho que si los psicólogos diseñáramos una balanza para calibrar el sufrimiento seríamos millonarios, porque cada vez y con mayor fuerza la gente necesita comparar sus dolores con los de los demás, anulando, por cierto, los ajenos.

Lo otro que anula la empatía es lo que yo llamo el "positivo tóxico", y que no permite que nadie a su alrededor esté triste o pasando por un mal momento. Es el clásico "todo depende de ti", "vamos, que se puede, siempre" o "no puedes estar mal, tú eres fuerte y vas a salir de esto", etcétera. En general, estas personas les tienen miedo a sus propias tristezas y a transitar dócilmente por situaciones dolorosas, porque piensan que, si entran ahí, no salen más. Quizá por eso no aceptan verlo en los demás, porque tampoco lo aceptan en ellas.

Los otros seres peligrosos para la empatía son los que me han hecho famosa: los "anticipadores de desgracia", que al revés de los anteriores, no soportan a la gente que está en paz o feliz y, por alguna razón, anticipan malos augurios frente a ese goce. La verdadera causa de esta anticipación es el miedo a la ilusión y a la responsabilidad de asumir que ser feliz sólo depende de mí. Así, frente a la ilusión, se asustan y destruyen la ilusión del otro(a).

Otra vez te invito a revisar estas características en ti, ver cuáles son tus bloqueos y miedos para aceptar y sentir que sólo acompañas y no ayudas a nadie, que nada reemplaza a un buen abrazo y a un silencio sanador que se pone al servicio de ese otro(a), y no como a mí me gustaría ayudarlo de acuerdo con mis criterios.

6. Ese otro(a) también necesita compasión. Aquí muchos y muchas de ustedes ya se adelantaron a pensar: "Pero ¿cómo Pilar dice 'compasión'? Eso genera personas victimizadas y con tendencia a lastimarse diciendo que son 'pobrecitas' ". Pues no me estoy refiriendo a esa definición occidental de compasión. Quizás, y con humildad, me acerco a una definición más budista, que tiene que ver con la consecuencia de la empatía, es decir, *padecer con*, compartir el dolor del otro(a), haciendo énfasis en el mérito y en el trabajo personal para transitar situaciones difíciles. En este punto cabría enseñar cada una de las habilidades explicadas en el libro para que esa persona sienta que no está sola para salir adelante.

Aquí calza perfecto el ser positivo(a) vulnerable, que significa que, por ser positiva(o), puedo permitirme estar triste hoy y, a lo mejor, mañana, porque ya aprendí que todo pasa y que por eso está bien no estar bien. Esto es muy sanador para mucha gente; posibilita pensar que, justamente, por ser positivos podemos estar mal, tristes, enojados y permitirnos cualquier emoción displacentera porque, como todo en la vida es transitorio, el darme permiso para transitarlo me humaniza y me da libertad. "Siempre que llovió, paró." Volvemos entonces al concepto de impermanencia de los capítulos anteriores.

7. Esa otra u otro necesita entender que tú lo ves como un ser humano y con un gran potencial para que pueda rescatar toda la luz que, a lo mejor, nadie vio antes. Se dice que sólo basta un adulto significativo en la vida de un adolescente que le muestre su potencial y su valor para que éste cambie su historia. Cada vez que escribo esto me invade una profunda tristeza al preguntarme dónde estamos los adultos, que no le hemos hecho sentir a tanto joven que vale y que es importante.

Aquí regresamos al inicio de este libro, ya que si en tu interior no sientes ese potencial, difícilmente se lo vas a poder mostrar a otra(o). Nadie da lo que no tiene, y por eso el camino del amor propio es el único inicio posible para cambiar una sociedad que va colocando muletas y repartiendo carencias y no amor universal del real a otro ser humano.

El otro día escuché a una argentina maravillosa, llamada Flavia Carrión, decir que en la naturaleza todo tiende hacia la luz, hacia el Sol. Las plantas crecen buscando esa luz y nosotros somos naturaleza también. Entonces, cuando nos preguntemos cuál es nuestro propósito, busca eso que te ilumine, ve hacia aquello que trae luz a tu corazón y que te energiza.

Eso también es lo que hay que hacer con la y el otro(a), acompañarlo(a) a que encuentre su propia luz, su propósito.

Ahora te toca a ti. ¿Sabes qué te ilumina y hace que te energices? ¿Has acompañado a alguien a que encuentre su luz? ¿Sientes que le has cambiado la vida en algo a una persona? ¿Has hecho sentir a otra(o) que tiene un poder único e irrepetible? ¿Has compartido el dolor de alguien poniéndote a su servicio y no como tú piensas que hay que ayudarlo?

_____

_____

_____

_____

_____

_____

¿Ves que no es fácil salir de una(o) para ir a donde está la otra(o)? De alguna manera, se requiere generosidad, paciencia, ética, sabiduría, silencio, conciencia de servicio y mucho esfuerzo para mantener con amor tu apuesta de estar ahí.

Si no has trabajado tu amor propio, siempre vas a escoger mal, vas a querer que lo de afuera te complete y te cubra de necesidades auditivas, visuales, afectivas y concretas que tú no has sido capaz de cubrir por ti misma(o). Por eso es que, para llegar a la o el otro de una forma digna y no asistencial, debemos trabajar en nosotros primero: para cuidar y amar a otras(os) hay que cuidarse y amarse intensamente.

El mundo que se nos muestra es individualista y egoísta en su centro. Parece estar lleno de gente con carencias que busca llenarse con lo de fuera, que tiene la concepción de que las compras, el ruido y las relaciones afectivas llenan los vacíos internos. Creo que esa visión del mundo es real, pero no es completa. También hay un mundo simple, silencioso, de placer desde dentro hacia fuera y noble, que por lo menos intenta, lo cual no es poco, no enganchar con el otro mundo. Allí hay mucha gente vibrando y saliendo de sí para llegar a la o el otro como otro(a) ser igual y diferente a mí al mismo tiempo. En ese mundo, la gente cree en la disciplina y en el trabajo interior como un proceso de conciencia y de evolución, en la naturaleza, en el amor y en Dios, sea cual sea la definición que tengas de Él.

Ese mundo entró en crisis en la pandemia y reforzó sus creencias; se salió o, mejor dicho, intentó hacerlo lo más que pudo, del consumo y de todo lo que éste representa. Esa parte de la sociedad —que, como dijimos antes, debe ser un poco más de un tercio— está buscando lugares lejos de grandes ciudades y, dentro de lo posible, lejos de las deudas y de la tensión cotidiana.

Sin duda, estos dos mundos (y seguro habrá muchos más) conviven todos los días, y otra vez nuestro poder es el único que puede permitir elegir qué quiero para mi vida en cada decisión que tomo. Nuevamente, el concepto de lentitud aparece como fundamental, al igual que el de pausa.

Ahora les pido dar la vuelta a este capítulo, véanlo como un espejo y se darán cuenta de que lo de *dentro es afuera*, y que lo que le tenemos que dar a las y los otros, a esa o ese otro, es lo mismo que necesitamos nosotras(os). ¿Se dan cuenta cómo funciona la otroridad? Esa visión de la o el otro hacia la o el otro se nos devuelve en un círculo perfecto y nos muestra que lo que damos, recibimos, y lo que recibimos, damos. De esta forma, vuelve a comprobarse que no puedes ver a la o el otro como te invito a hacerlo en este capítulo si no te has visto a ti misma(o) de esa forma; y nadie te va a ver como otra(o) si no lo haces contigo primero.

Esta pandemia pudo haber sido una guerra, pero nos probó, hoy más que nunca, que todos somos uno. Estoy segura de que si yo en este momento le mando luz y amor a alguien que me puede tener rabia, esa energía llega. Quizás esa persona no lo note, pero yo siento que la envío y la transmito. De ahí la importancia de las cadenas de oración o de las meditaciones públicas, porque cada uno de esos eventos va aportando a una energía de mayor vibración para conectarnos con la que debiera ser la próxima pandemia: la pandemia amorosa y de expansión de conciencia.

Si lo de dentro es afuera y somos todos espejos de todos, entonces la otroridad también me describe a mí misma(o) y a cualquiera que tenga enfrente. Esta unidad maravillosa, que no es ninguna novedad y que la hemos conocido siempre, se hizo más evidente por el virus covid-19, donde la única forma de que éste no se expandiera era tener conciencia social y cuidarnos entre todos. Por eso los budistas dicen, con justa razón, que el amor propio es lo mismo que el amor a la o el otro, y que en esa unidad sana y completa estamos llamados a desear que la o el otro sea lo más feliz que su potencial trabajado conscientemente se lo permita, y cuando yo deseo eso es porque lo conozco, y si lo conozco es porque lo estoy trabajando en mí.

Ahora te toca a ti. Quiero que anotes lo que sientes con este capítulo, quiero que dejes por escrito cuáles de esas condiciones que la o el otro necesita las requieres tú.

_____

_____

_____

_____

_____

_____

Sin duda, la pandemia movió todos nuestros espejos y nos hizo mirarnos, a veces sin mucha dulzura, pero hoy seguiremos experimentando desafíos y tenemos la información, a través de este estudio, sobre qué necesitamos para transitar lo que sea de buena forma o, por lo menos, con conciencia y libertad.

Ojalá que las habilidades y paradigmas expuestos te sirvan para todo lo que viene. Yo me comprometo a seguir estudiando, recogiendo opiniones y contándotelas para que puedas decir con orgullo que eres una buena persona, que trabajas por ello y que cada vez estás más despierta(o) frente a cada cosa que realizas.

Por favor, revisa, quédate en silencio, comparte y mírate en el espejo de este capítulo para que descubras cómo vas a salir a un mundo que tiene una aspiradora esperándote para que consumas mucho y así reactivar la economía y volver a la ya antigua, según mi parecer, definición de progreso y desarrollo.

Bienvenida, soledad, si esto me lleva a la conciencia y me saca de la masa que no quiere contar con amor propio y no le conviene, en su mayoría, tener gente lenta y consciente. La voluntad, el silencio, la disciplina y la lentitud son claves para estar y no estar al mismo tiempo.

NO OLVIDAR:

Otroridad es la capacidad de salir de ti con un amor propio
sano, no basado en la necesidad ni la carencia, para centrar-
te y amar genuina y libremente a la o el otro.

Capítulo seis

Observando y aplicando lo aprendido

Hemos llegado a un capítulo que permitirá mostrar cada concepto explicado, con el único objetivo de que puedan verlo como un espejo y así entender que definiciones —a veces complejas de entender—, llevadas a una situación concreta, pueden resultar más sencillas de ver. Espero que les sirva...

Es enero de 2020, se anuncia un temporal y mucha lluvia después de Año Nuevo. Es extraño, pero pienso qué agradable es ver llover de verdad, porque en Santiago eso no ocurre casi nunca. Primero empieza un viento fuerte y el cielo se pone cada vez más oscuro, hasta que el temporal se desata. Llueve de forma copiosa y hay mucho viento, por lo que desde mi casa veo cómo vuelan sillas, se quiebran adornos y tambalean los muebles. Todo se mueve o se rompe, no da miedo, pero Carmen, quien me acompaña, me pone en alerta frente a todo aquello que se encuentra afuera de nuestra casa.

En algún momento, dada mi curiosidad patológica, y quizá queriendo recordar y sentir cosas que viví en mi natal Temuco, decido salir. Sólo me puse una chamarra para la lluvia, sintiendo que con ella me echaba encima todo lo aprendido en mi historia para transitar situaciones de esta índole.

Al salir, lo primero que intento, seguramente desde mi ego, es encontrar viento a favor para que no me moleste el pelo, pero no lo logro. Todo estaba en contra, pero ya estaba ahí y quería sentir lo que tenía que sentir. Cuando piso firme el suelo, lo primero que me pregunto es si puedo apurar el proceso o hacer que éste se haga más suave. ¿Puedo además saber cuándo terminará (estábamos sin internet)? Obviamente, a todas estas preguntas que me hacía casi con sorpresa frente a mi pequeñez y nula ejecución, las respuestas eran un rotundo NO. No puedes hacer nada, sólo vivir de la mejor forma la experiencia.

Aquí aparece el paradigma del control: no controlaba nada, excepto mi actitud, y apareció la primera gran habilidad, que es la aceptación. Tenía que perder las urgencias frente a lo que estaba viviendo, y esto, como todo proceso de vida, duraría lo que tuviera que durar, tomando la experiencia, en este caso elegida, como una oportunidad. No iba a salir de la situación hasta que sintiera todo lo que se me estaba invitando a sentir. Una vez que me dije que nada podía hacer, sólo vivirla, cometí un error que me enseñó mucho de mí y de las situaciones difíciles. Me pregunté: "¿Qué hago para que el fuertísimo viento no me tumbe al suelo y me caiga?". En ese momento veo pasar una mesita volando y, al intentar agarrarla, pierdo el equilibrio, pero no me caigo. Me digo entonces que me tengo que parar muy firme para que el viento no me tumbe; recuerdo anclar mis pies en el piso y sentir que era una roca sin movimiento. Craso error: al estar tan rígida, era más fácil para el viento tirarme al suelo y, de hecho, así lo hizo. Cuando me caí, al principio me asusté, pero después me acordé de *cambiar el miedo por curiosidad*, y me sentí niña, me reí y me di cuenta de que había una habilidad que no tenía en ese momento, y que era la flexibilidad. Cuanto más flexible y dócil era frente al viento, más firme y estable me encontraba, y ocurrió algo maravilloso en ese mismo instante: empecé a disfrutar del temporal.

La flexibilidad me llevó a otro concepto del libro, que es la conexión con el presente. Cuando estaba rígida, sin moverme, estaba muy preocupada, incluso físicamente, de mirar hacia delante o atrás, como intentando buscar una luz y descubrir alguna variable que me entregara algo predecible. La flexibilidad me trajo al disfrute, a la curiosidad y a conectar con el presente. Esto me llevó a respirar profundo. La lluvia entraba por mi nariz, tenía mucho frío y estaba mojada. Sin embargo, quería aprender más sobre por qué estaba ahí, y no me iría hasta averiguarlo.

Después de estar media hora bajo la lluvia, Carmen me empezó a golpear la ventana para que entrara, como apurando mi proceso, y pensé en la cantidad de veces que estamos viviendo algo difícil y los de afuera, por angustia y casi siempre desde el cariño, nos apresuran aunque no hayamos aprendido lo necesario. Frente a la presión, y seguramente por la dificultad de respetar mis propios tiempos, me empecé a impacientar y volvió la necesidad de control y algo de miedo (en esos tiempos yo no tenía descubiertas todavía todas las habilidades descritas, pero reconozco que esas palabras aparecieron en mi mente sin conocer el peso que hoy tienen). Cuando perdí la calma, descubrí que por el apuro había perdido también la paciencia y la confianza. Esta experiencia me había hecho dudar de aquella frase que, aunque no es mía, siempre repito: "Siempre que llovió, paró", y justo en ese momento me vi en la misma situación de la frase. Yo confío en Dios y sabía que me calmaría. Es tan claro que la confianza te hace esperar de buena forma, y eso te trae la consiguiente calma.

Aquí viene un acto que, desde mi ignorancia, suelo llamar "magia", pero que muchos podrán calificar de cambio cuántico, porque justo en el momento cuando llegué a esa calma, también se calmó el viento y la lluvia, y vino cierto descanso afuera y dentro. Cuando ocurrió este regalo, sentí una profunda gratitud y disfruté de la tormenta, que no era grata ni fácil, pero con caídas literales había aprendido a transitar junto con todas las habilidades que descubriría después. No hay que esperar a que la tormenta pase, sino que hay que aprender a bailar con ella.

Esta tormenta puede ser cualquier cosa en tu vida y te podrás ver representada(o) en la escena con tus propios conflictos y estilos de aplicar tus habilidades en cada situación que vivas. Yo, por mi parte, estoy bajo varias tormentas al mismo tiempo y creo que conocer, por ejemplo, el cambio en la definición de libertad y el valor de la acción por sobre la motivación, más todas las habilidades, me da la fuerza para transitar consciente y lentamente por cada uno de los procesos. Yo no sé si a ustedes les pasa o sólo me sucede a mí por ser psicóloga, pero cada persona con la que hablo, cercana o no, se sitúa igual que yo frente a la tormenta: intentando aprender de ella, a bailar con ella, aunque duela.

Mencioné que cuando decidí salir me puse una chamarra para la lluvia y sentí que en ese abrigo iba todo lo que he aprendido en la vida. Creo que este punto es muy importante, porque cada vez que la vida nos lleva a situaciones de distinta índole tenemos que "colocarnos" todo lo que hemos aprendido antes.

Ahora te toca a ti. ¿Cuál es tu chamarra y qué tiene de tu historia? ¿Qué fortalezas contiene esa chamarra para que puedas transitar por los dolores de la vida?

_____

_____

_____

_____

_____

_____

_____

Una persona que tuvo un diagnóstico de cáncer en mi fundación me decía que no sabía cómo iba a transitar por la enfermedad y que tenía mucho miedo. En la conversación le pedí que recordáramos juntas todo lo que había pasado en su vida, que eran cosas muy dolorosas, y me contara qué había hecho para solucionarlo. Ella descubrió con asombro que había podido con todo y que, si ya tenía todos esos aprendizajes, podría, con esas mismas habilidades, aplicarlas a este nuevo desafío.

¿Te das cuenta de que si tuviéramos conciencia de lo que hemos vivido y de los recursos, usados de buena y de mala forma, los miedos serían menores y nos sentiríamos capaces de enfrentar cualquier tormenta? Aquí quiero recalcar este detalle en mi experiencia: mi tormenta fue elegida y, obviamente, desde esa opción es más fácil todo y no cuesta nada ver la situación como una oportunidad. El tema es que la mayoría de las veces, o casi siempre, a no ser que haya autosabotaje, las tormentas no son elegidas, simplemente llegan, y casi todas sin aviso. Aunque si fuéramos cien por ciento honestas(os), yo creo en las causalidades y no en las casualidades. Quizá lo que nos llega no es lo que queremos, pero casi siempre es lo que necesitamos. Aquí aparece el paradigma de *creer para ver* y no como lo entendíamos antes, en términos de *ver para creer*.

Aquí quiero incluir un término que ha sido muy valorado por los grupos de estudio desde que lo conceptualicé, y que es el de *escenografía*. Cuando llegan las tormentas o los terremotos, elegidos o no, lo que en realidad pasa es que la vida nos ubica en una escenografía que no nos gusta, pero en la que sabemos que tenemos que participar. Si uno ha trabajado el amor propio y estamos en ese camino donde intentamos todos los días mantenernos en eje, lo que se debiera mover son las escenografías, y no nosotros. Nosotros, con las habilidades estudiadas y los cambios de paradigmas, deberíamos ser capaces de transitar por cualquiera de ellas.

Quiero que te imagines una avenida que sólo tiene puertas a las que estás obligada(o) a entrar y vas pasando de puerta en puerta. Una puerta te lleva a una playa deliciosa que te invita al descanso. Sin duda, esta escenografía es perfecta y te quedarías ahí por mucho tiempo o, tal vez, para siempre. Sin embargo, sabes que es temporal y vuelve a aparecer el concepto budista de la impermanencia, donde asumimos que este placer es pasajero, y por eso hay que disfrutarlo al máximo.

Vuelvo a recordar un video de mi canal de YouTube que se llama "La vida es un hotel". En síntesis, el video plantea que el hotel es como la vida misma: a algunos les toca de cinco, cuatro o tres estrellas, y va a depender de lo que hagamos dentro la evaluación de nuestra existencia. Todos llegamos a un hotel sabiendo que nos tenemos que ir en algún momento. Quizá la diferencia es que en el hotel sabemos cuándo partiremos y cambiaremos de escenografía. Pero ¿saben qué? Al final, conocerlo tampoco cambia mucho las cosas, porque igual va a haber gente que se pasará toda la estadía en la recepción pidiendo una u otra cosa o reclamando por algo, y otros, en las mismas condiciones, disfrutarán y agradecerán todo lo que están viviendo. Sería bueno reflexionar sobre cuál sería tu actitud en esta escenografía. ¿Te vas a quedar con lo lindo de ella, o vas a mirar lo que no te gusta y quejarte?

Ahora seguimos en esa avenida. Sales de la escenografía de la playa, ojalá feliz y agradecida(o), pero con la conciencia de que sigue ahí y que puedes volver cuando lo planifiques y te esfuerces para ello. La puerta que viene es distinta, te lleva a una ceremonia fúnebre, donde hay alguien que tú quieres en un ataúd y tienes que estar en esa escenografía por un tiempo. A diferencia de la primera, no quieres estar ahí y, si de ti dependiera, saldrías lo más rápido posible. Sabes, sin embargo, que no puedes elegir irte, y que si no vives el proceso no podrás salir sana(o) a las escenografías siguientes.

La vida completa es un cambio de escenografías sucesivas, y cuanto mayor amor propio tengas, mejor podrás caminar por cada una de ellas, agradeciendo las buenas y aprendiendo de las malas. Imagínate en el escenario de un teatro, donde tú estás en el centro y te van cambiando una y otra vez el fondo; te colocan escenografías distintas y tú tienes que vivir en cada una de la mejor forma posible, casi como si fuera una actuación. ¿Te das cuenta de que la vida sería distinta si la viéramos así? Tendríamos tan claro que todo pasa y que, dependiendo de cómo vivamos cada momento, será la experiencia de cada una de ellas.

Por eso, cuando la escenografía sea una tormenta o un terremoto que llega de improviso, te pido que, centrada(o) en tus habilidades y en tu amor propio, te enfoques en ti primero y vivas el proceso. Para esto seguramente te verás expuesta(o) a modificar paradigmas o creencias muy arraigadas en tu historia, pero que al cuestionarlas te darán más paz y calma.

Por eso me encanta la analogía de cuando en los aviones nos dicen que si hay un cambio de presión en el avión caerán mascarillas, y que aunque haya un niño a nuestro lado tenemos que ponérnosla primero nosotros y después a éste. Si sólo entendiéramos este simbolismo en la vida, o en la frase de Jesús, "Ama a tu prójimo como a ti mismo", y viéramos que el amor al otro está condicionado por el amor propio, el mundo sería muy diferente.

Si llega una tormenta o terremoto, a lo mejor te ayudan estos consejos, que aunque a mí no me gusta darlos, creo que sirven para transitar esas escenografías que no son agradables de caminar:

- Frente al *shock*, pausa. Respiren profundo, lloren, hablen, pero no hagan nada; sólo piensen en la información y sientan qué les pasa.

- Luego elijan a dos o tres personas en las que confíen para contarles la noticia; por favor, no se la cuenten a más gente por desahogo, esto genera mucha alteración, porque, aunque sea con cariño, cada cual habla desde sus propias experiencias e historias y eso puede contaminar el propio proceso que están empezando a vivir.

- Después de hablar y sentir en intimidad, busquen información. Les pido que no lo hagan por internet o Google. El nivel de daño emocional que he podido observar por malinformarse es enorme, y después cuesta mucho cambiar esos antecedentes que quedan en la mente grabadas a fuego.

- Pidan ayuda aunque sientan que pueden enfrentarlo solas(os); asuman que siempre van a encontrar a alguien que sabe más que ustedes y que las(os) acompañará en el proceso. Acuérdense de que cuando uno elige vivir una experiencia como oportunidad, obligatoriamente hay que ubicarse como alumna(o) de la vida y de ese proceso. Por eso, es clave ir a donde están los que saben, quienes deben hacerles sentido a los que viven la experiencia. Por ejemplo, en el tema de salud yo puedo pensar y creer en la medicina alternativa, y mis afectos pueden pensar que eso no sirve y que la medicina alopática es la única que sirve. Eso me puede llevar a tomar una decisión para agradar o complacer a los otros. Lo mismo pasa con los problemas de tipo amoroso, donde cada persona recomienda un tipo de terapia o solución y yo debo tomar la que me haga sentido a mí y a la otra persona, y no dejarse invadir por el resto. Por eso es muy importante que el conflicto no lo sepa todo el mundo.

• Sea cual sea la situación transitada, entiendan que para cuidar o resolver hay que cuidarse primero, y aquí el primer capítulo de este libro es fundamental. Sin amor propio, este camino es imposible, o será difícil no salir dañado o no equivocarse.

• Aprende a diferenciar lo que te está pasando a ti y te está afectando, y lo que le pasa a la o el otro. Esto parece simple, pero no lo es tanto. Les voy a dar un ejemplo real de una persona que participó en los grupos. Una mujer se comunica conmigo por Zoom y me cuenta que está muy mal; ella participa en el estudio, pero no es paciente mía, por lo tanto, yo no conocía toda su historia. Al preguntarle por qué está tan mal, me empieza a enumerar una serie de situaciones difíciles, por cierto, pero que no eran de ella. Yo, medio en broma y medio en serio, le digo: "¡Pero si tú estás bien!", ella me mira, se ríe y me contesta: "En realidad yo estoy muy bien, estoy afectada por las cosas de otros".

Sé que deben estar pensando que es imposible no verse afectados por lo que le pasa a la gente que queremos, pero acompañar procesos de otras y otros que no son los nuestros sin dañarnos nosotros contribuye enormemente. Aquí se repite el concepto de amor insano, en el que nos hacemos

cargo de otras y otros, no entendiendo que cada una(o) tiene su propio camino y escenografías, y que, aunque podemos incluso compartirlas, el cómo las miremos, vivamos y
evaluemos depende exclusivamente de cada una(o). No es
transferible.

* * *

He pensado mucho en mi vida con este libro, como espero
lo hayas hecho tú con la tuya, y me he dado cuenta de que
gran parte de mis errores o dificultades ha sido por falta de
amor propio y por haber estado demasiado sola en la vida.
No quiero decir con esto que no haya tenido gente que ha
estado ahí para escuchar, pero siempre fui mala para pedir,
no por soberbia, sino por el horrible hábito de no molestar.
Ahora, sin duda, me faltó muchas veces un gestor de solu-
ciones que, al mirar hacia el lado correcto, me dijera que iba
a estar todo bien. Sin embargo, mis elecciones fueron desde mis carencias por mi falta de amor propio y no desde el
máximo merecimiento.

Esto lo aprendí sola, aumentando mis niveles de conciencia y despertando a un mundo de armonía, sin sufrimiento, y de merecimiento por existir y por lo que doy. Es
hermoso este capítulo, no sólo porque aplica todo lo que
hemos desarrollado en el libro, sino porque lo hace manejable, lo hace un espejo y, por lo tanto, da la sensación de que
todos, sin excepción, podemos transitar situaciones difíciles
con las "chamarras de nuestra historia", nuestra conciencia
y lentitud en cada una de las habilidades.

Ahora te toca a ti. Quiero que recuerdes una de tus tantas tormentas, elegidas o no; hagas una analogía como la mía y veas qué habilidades de este libro aplicaste, qué paradigmas cambiaste y qué tenía tu chamarra que te acompañó desde tu historia. Escríbela como un cuento y verás cómo has avanzado y crecido, tal como yo, en esta investigación.

_____

_____

_____

_____

_____

_____

* * *

Como dije al inicio de este libro, siento que es un estudio que no termina, que en este momento estamos invadidos otra vez por la incertidumbre y parece un cuento de nunca acabar; pero en algún momento hay que soltar (aprendí hace mucho rato que los libros se abandonan, no se terminan) para seguir compartiendo con ustedes no sólo lo estudiado, sino también lo vivido por mí en cada segundo de esta experiencia de ser alumna de mi vida.

Aprovecha, tómate tu tiempo, escribe todo, no lo pienses, *siente* el libro. En el siguiente capítulo ya podrás leer las conclusiones para ver qué te llevas de él.

Tener un estado de paz y armonía como eje y centro, con un orden interno, es posible frente al caos externo. Para mantener este eje, la honestidad, la congruencia y la autenticidad te van a ayudar mucho. Lo que siento, lo que hago y lo que pienso deberían ser lo mismo. Esto no sólo lo necesitan cultivar los líderes de hoy, sino todos los seres humanos, sobre todo en los tiempos que estamos viviendo.

Para realizar todo este trabajo necesitamos incorporar un concepto del cual he hablado como una habilidad más, ya que va a ayudar a aprovechar las escenografías de mejor forma y a rescatar mayores aprendizajes: la disciplina. Antes de despedirme, quiero dar algunos elementos para trabajarla.

Ya decía que la disciplina en nuestro inconsciente hispano está asociada a la subordinación, a las dictaduras y a la rigidez, y que en esta investigación queda claro que es todo lo contrario, que es un gran camino hacia la libertad. Sin embargo, es un concepto que, por otro lado, si bien es deseable de desarrollar, boicoteamos su ejercicio y práctica de manera impactante. Los boicots son los siguientes:

1. La procrastinación, ya que postergar y postergar lo que sabemos que tenemos que hacer nos impide continuar con nuestras metas, y además nos llena de ansiedad y angustia, pues nos saca de forma permanente del presente.

    Les tengo que contar que esto yo lo hacía mucho antes, porque en mis creencias estaba la convicción de que mi eficiencia estaba relacionada con la presión. Era como si necesitara estar al borde del precipicio para empezar a hacer las cosas. Siempre cumplía, y de buena forma, pero con un desgaste brutal porque tenía la creencia de que lo fácil no tenía valor y había que agregarle un poco de tensión a la vida para que tuviera sentido.

2. Depender de la motivación para concretar la disciplina. Es el clásico "cuando tenga ganas empiezo". La motivación es tremendamente inestable y está supeditada a miles de factores, no puedes depender de ella para ser disciplinada(o) en la vida. Aquí aparece de nuevo el paradigma de que la acción va primero que la motivación, y que ésta es una consecuencia de haber realizado algo.

3. Otro aspecto que nos impide ser disciplinadas(os) es la creencia de que la disciplina nos llevará a una rutina aburrida y esclavizante, cuando es todo lo contrario. De hecho, por eso mucha gente procrastina, porque lo siente como un acto de rebeldía frente al deber ser. La disciplina es un acto de libertad que te permitirá hacer lo que quieres si lo haces con precisión y lentitud para encontrar en ella el goce y placer que implica cumplirse a una(o) misma(o).

4. Otro boicot es que me es muy fácil la disciplina cuando no se refiere a mí, cuando tiene que ver con los demás. Entonces, por ejemplo, si me propuse hacer ejercicio todos los días y suceden cosas externas, me es sencillo detener mis prioridades para cumplir con las de los demás. Está claro que no siempre se puede priorizar lo de uno, pero es clave que no sea una tendencia.

Mencionados estos boicots —a lo mejor tú encuentras otros en tu vida que me encantaría conocer—, descubrimos que el acto y la metodología de ser disciplinada(o) tienen que ver con:

- Un orden interno y externo.
- Autogestión; no depender de nadie para realizarla.
- Metas cortas y una buena planificación.
- Desarrollar el músculo de la fuerza de la voluntad.
- Amor propio y autorresponsabilidad.
- Que la decisión de ser disciplinada(o) vaya en pos de mi bienestar y paz.
- Tener conciencia de ir siempre adelante del día, y no detrás.
- Tener claro que el primer objetivo de la disciplina es la paz interna y, como decía, sentir que uno se cumple a una(o) misma(o).

Supongamos que en la escenografía en la que te encuentras estás siendo muy disciplinada(o), pero algo pasa y la estructura se te cae y pierdes conciencia de las habilidades frente a las tormentas. Generalmente, esto ocurre por tres causas:

a) Necesito ver resultados rápidos, pues si no los veo dejo atrás la planificación y rompo la disciplina.
b) Necesito refuerzos para mantener el acto disciplinado, por ejemplo, que al poco tiempo de haber empezado a hacer ejercicio la gente que me rodea note cambios. Si nadie me dice nada, entonces abandono.

c) Necesito cómplices, no puedo tener disciplina auto-
gestionada, siempre dependeré de otras personas
que me acompañen en la planificación. Sola(o) únicamente lo dejo a la motivación.

Con todas estas herramientas podrás planificar mejor
esa chamarra de la que hablé al principio de este capítulo
y podrás salir a la tormenta o al terremoto con mucho contenido para vivir la escenografía que te toque sin angustia y
pensando en transitar de forma tranquila.

Me parece que ya estamos preparadas(os) para empezar a despedirnos y comprender que *ser felices es de valientes*,
y que se necesita coraje para pagar las consecuencias de no
traicionar tu paz interior. Creo que, con todas estas herramientas, el paso por las distintas escenografías, tormentas
o terremotos se debería hacer, no sé si más fácil, pero sí de
manera más consciente y plena.

Cierre

Mucha gente, incluidos mis papás, me han preguntado por qué me apuro en escribir, y algunos me hacen sentir que, si escribo rápido, podría perder contenido. La verdad es que escribir un libro como éste (o como los otros diez que he escrito) no es un proceso corto. Éste, por ejemplo, partió en el inicio de la pandemia y no hubo día en el que no hubiera estado estudiando, pensando y bajando la información que me llegaba para hacerla amigable y manejable. En resumen, llevo casi dos años levantándome y acostándome haciendo esto.

Siempre he dicho que realizar un estudio de campo, escuchar a cientos de personas y sistematizar lo investigado es un embarazo, y escribirlo es un parto. Éste fue un embarazo complicado no sólo por la pandemia y mi soledad, sino porque además me enfermé durante la mitad y me costó mucho seguir. De hecho, tuve que hacer una pausa varios meses porque tenía restringido hacer casi todo.

Sin embargo, tengo que decir que el parto fue maravilloso y expedito. Tuve náuseas al final de algunos capítulos por la presión interna de sacar todo el contenido, pero estaba feliz sabiendo que mi cuerpo era consecuente con la entrega. Además, lo escribí en el lugar perfecto del mundo para mí, donde podré estar mucho tiempo más, lo que me llena el alma. Soy una agradecida de haber podido estar en absoluto silencio y en la naturaleza.

Dije que este libro no tiene final o, mejor dicho, que queda abierto, porque el proceso que lo generó no ha terminado y, seguramente, los aprendizajes tampoco. Yo sigo de forma paralela viendo qué seguirá ocurriendo en nuestro planeta. Ojalá entendamos que debemos ser mejores personas, conscientes y despiertas(os) frente a nosotras(os) mismas(os) y todo lo que nos rodea.

Como he mencionado extensamente en el libro, tenemos dos certezas en la vida: una es que nos vamos a morir y a trascender este cuerpo; y la otra es que lo único constante es el cambio.

Esto último parece más nuevo en la conciencia de todos, y como no asumimos que es algo que es parte de la naturaleza humana, lo vivimos desde el miedo y no desde la curiosidad. Te invito, después de haber trabajado este libro, y de haber contestado todas las preguntas y reflexiones, a que cuestiones tus creencias, que te preguntes sobre tus propósitos, que busques tus luces y sombras y entiendas que los momentos perfectos no existen, y que la felicidad requiere de coraje y valentía. Parte por tu amor propio y por tu conocimiento, si no, nada de lo posterior resultará bien y se te hará todo más complicado.

Recuerda que en la vida todo lo que experimentas son escenografías y que vas creciendo de acuerdo con lo que aprendes de ellas y con cómo las transitas. Siempre debería haber un eje en ti que no se mueva, independiente de la escenografía que te esté tocando visitar.

Piensa que tienes un "cofre" al que puedes recurrir en cada momento de la vida para ver qué habilidades son las que tienes que usar más, y cuáles son las que no estás usando y te hace falta aprender.

Es importante desconectar para entrar en ti y empezar a escuchar esa voz interior que se expresa en el cuerpo y que nunca se equivoca.

Acuérdate de que el dolor es inevitable y el sufrimiento es opcional, y que para reparar hay que parar.

No olvides que la disciplina es el camino hacia la libertad y que sin ella no se pueden conseguir los sueños; frente al caos externo, la única opción es un orden interno, lo que requiere de las habilidades mencionadas.

No pidas menos problemas, pide más competencias y habilidades, como me lo enseñó mi amiga Margarita Pasos en algún momento.

Estoy segura de que cómo saldremos de las tormentas o terremotos depende absolutamente de hasta dónde nos atrevemos a entrar en nuestros mundos más oscuros, y también en los más luminosos. Yo elijo pensar, por ejemplo, que cuando nos pregunten qué nos pasó con tal o cual escenografía, tengamos algo que contar y que decir. Me resisto a pensar que no tengamos nada que expresar, que en algo no nos haya movido la vida.

Es lo mismo que espero que te pase con este libro. Quiero que te haya dejado algo, que hayas podido desarrollarlo y contestarlo conmigo. Deseo que hayas tenido que parar para elaborar, y después seguir. Ojalá te haya hecho preguntarte, llorar, reír o sorprenderte porque sentiste que te identificabas como si te hubiera conocido. Me gustaría que te hubiera llegado al alma en por lo menos una frase, un párrafo o una palabra.

Yo me quedo con la convicción de que lo entregué todo, de que te amo y te reconozco como un ser humano valioso, y que desde ahí he tratado cada uno de los temas con el máximo respeto y sencillez, para que todos y todas puedan no sólo entender, sino también aplicar.

Gracias por ser cómplice de esta aventura, y pido al universo que, si alguna vez leíste este libro, puedas decir desde el corazón que en algo te ayudó a ser mejor persona.

Nos vemos en el próximo, si Dios así lo quiere.

Ahora te toca a ti. Como ya acabaste de leer este libro, quiero que termines de escribir el tuyo y apuntes aquellas siete cosas que te llevas en el corazón. Utiliza distintos colores, diferentes tipos de letra, ¡saca tu creatividad y deja plasmado en tu libro aquello que aprendiste!

1 _____

2 _____

3 _____

4 _____

5 _____

6 _____

7 _____

Para dar por finalizado este viaje, escribe aquí el título de tu libro:

_____

Agradecimientos

Agradecer en un libro es muy difícil, siempre se me olvida alguien y no cubro con palabras lo que dice mi corazón. Éste es un libro que continúa y que no ha terminado, porque no hemos llegado al fin del proceso que está afectando a todo el mundo y a nuestras vidas en particular. Las palabras nunca alcanzan, no son suficientes cuando se ha realizado una aventura desde una silla frente a un computadora en la que tantos y tantas han participado desde el amor y la generosidad. A ellos y ellas, mil gracias.

A Dios, antes que todo, por no dejarme sola, por manifestarse en cada momento de esta aventura, y también gracias a lo que yo llamo mi "Comité espiritual". Sin esas almas nada sería posible, siempre junto a la energía de Dios como guía.

Quiero felicitarme a mí misma por mi esfuerzo, honestidad y trabajo incansable. Con todos los errores que pude haber cometido, entregué lo mejor de mí y desarrollé una gran disciplina con una enfermedad gigante que sigue en proceso.

A mi padre y mi madre, que siempre están detrás apoyando y estimulando mi trabajo; a mis hermanas, que en el proceso de esta aventura no participaron, pero están.

A mi hija, que me emociona con su sabiduría y empuje y me enseña todos los días tanto: Nicole, te amo y te agradezco.

A mi hijo Cristián, que este año me dio una lección de autonomía y valentía al irse fuera del país a estudiar y a encontrar su camino. Te admiro en cada momento.

A mi equipo de trabajo chileno, Adriana y Aylin, que me cuidaron, apoyaron y levantaron en momentos dificilísimos. Durante años siempre estuvieron disponibles, cariñosas y centradas en valorar mi trabajo. Gracias del alma; su contención fue clave en este libro; sin ustedes no hubiese podido avanzar, son parte fundamental de mis días. ¡Las amo!

Gracias a Carmen y Doris, por estar siempre y en cada momento.

Al que fue mi equipo fuera de Chile, quienes hoy ya no forman parte de mi vida, pero que fueron mi familia por años; aprendí mucho de cada uno. Gracias, gracias, gracias. Por todo lo que me entregaron y por lo vivido. Les deseo lo mejor, los quiero y querré siempre.

A mis amigas, amigos, hermanas elegidas y hermanos de la vida que no me dejaron sola nunca, sobre todo durante el curso de mi enfermedad y en los días más oscuros. Ellos y ellas saben quiénes son y se lo digo todos los días. Los y las adoro. No me dejen sola.

Quiero agradecer el ser y estar siendo, como todos las(os) que leen estas líneas, sobreviviente de esta realidad, porque, mientras haya vida, hay esperanza y gratitud por los regalos que recibimos todos los días.

A mi querido amigo César Lozano, a quien, con todo lo que gestiona y hace desde su profesionalismo y amor, se dio el tiempo para realizar el prólogo de este libro. Te quiero con el alma, amigo mío; gracias por estar, eres un regalo en mi vida.

Gracias de todo corazón a ustedes, que, de alguna manera, a través de mis comunidades, han estado presentes todo el tiempo, acompañando y dando ideas. Gracias además por permitir que yo, desde mi pequeñez, las(os) pueda acompañar en sus procesos, y compartamos risas y llantos en este caminar.

Gracias a la vida por sus misterios, sus regalos y aprendizajes, que, seguramente, nos encontrarán en algún lado y de alguna forma.

Los quiero... y hasta la próxima aventura.

Gracias.

Gracias.

Gracias.

Esta obra se imprimió y encuadernó
en el mes de mayo de 2023,
en los talleres de Impregráfica Digital, S.A. de C.V.,
Av. Coyoacán 100–D, Col. Del Valle Norte,
C.P. 03103, Benito Juárez, Ciudad de México.